実録怪談
最恐事故物件

目次

※「最恐!!　事故物件怪談」に登場する人物や土地、建物名は様々な事情を考慮して仮名としてあります。

「事故物件概説」そして事故〝人間〟へ

住倉カオス

住倉カオス（すみくら・かおす）

怪談最恐戦のＭＣ。作家、フォトグラファー、怪談イベントオーガナイザー。出版社のカメラマンとして多くの心霊取材に携わり、投稿型怪談ウェブサイト「百万人の恐い話」、アマゾンプライムのChannel恐怖にて「住倉カオスの怪談★語ルシス」を主宰。著書に『百万人の恐い話』『百万人の恐い話 呪霊物件』、共著に『実話怪談 樹海村』など。

【事故】こと‐ゆえ〔‐ゆゑ〕

よくないことが起こること。さしさわり。じこ。多く「ことゆえなし」の形で用いられる。

（小学館「大辞泉」より）

事故物件とはどんな物件なのか？

事故物件――。

その場所ではかつて人が死に、迷える霊魂が今もって居座り続けている……。

「事故物件」という言葉を聞くと、そんなイメージを持つ方が多いのではないだろうか？

そのイメージは半分当たっており、半分は間違っているとも言える。


そもそも事故物件という呼び名は俗称であり、不動産業や法律の世界では「瑕疵《かし》物件」と呼ばれているものの一つである。

瑕疵とは欠陥のこと。平たく言えば瑕疵物件とは訳あり物件ということだ。

不動産屋で物件案内を見ていると、間取りなどの他に「告知事項あり」などと書かれていることがまれにある。

この「告知事項あり」というのが、つまりは「訳あり」という意味で、物件に関してのマイナス要因であることが多い。

例えば小学校が隣にあり、登下校時に子供の声がよく聞こえる。チャイムの音が頻繁に鳴る。そんなことでも人によってはマイナス要因として受け止めその物件に「欠陥」があると感じる場合がある。近くに高速道路が通って振動がする、などの場合もあるかもしれない。

不動産業の決まりとして、そんな欠陥がある物件は、買手や借主にきちんと説明する義務がある。

例えばシロアリで建物が傷んでいたり、雨漏りがあったり、地盤が歪んでいたりする建物は〝物理的〟瑕疵物件という。それに対して〝心理的〟瑕疵物件というのは「ここには住めない」と思えるような、まさに心理的に抵抗感がある物件であることをいう。

同じ建物内に暴力団の事務所がある。宗教施設がある。近所に火葬場やゴミの処理場があったり、火災や水害などが過去にあった物件などは多くの人にとって住むのにかなり抵抗感があるだろう。

生活するのに支障がないから全く気にしない人がいる反面、住み続けることに不安を感じる人がいる。

これが心理的瑕疵物件と呼ばれ、貸主には説明責任が生じるのだ。

そして建物やその部屋で殺人事件や大きな事件があった場合、これがいわゆる「事故物件」と呼ばれている物件となる。

もし借りようとしたその部屋が殺人事件現場だとわかった場合、

「人が殺された部屋ではその被害者の幽霊が出るかもしれない……」

そう考えて尻込みしてしまう人は少なくない。

幽霊の存在は科学的に証明されたわけでも、法律で認められているわけでもない。

ただ、そう思う人の気持ちは理解されるとして、裁判の場でも、そういったマイナス要因も欠陥として判断されることがある。


もちろんすべての死に説明責任が生じるというわけではない。

当たり前だが人は誰でも死ぬ。家族の誰かが病気や老衰などで死んだ場合を事故物件とは普通は呼ばないだろう。

だが例えば孤独死などでその遺体が長い間発見されず、腐乱状態で発見された場合は事故物件と呼ぶ場合が多いようだ。

死因が自殺だった場合も当然、事故物件と考えられる。

もし貸主がその部屋でそんな事実を借主に伝えておらず、入居者が後で知った場合、

「そんな物件だったら気持ち悪くて借りなかったのに！」

と考えてしまったら「瑕疵物件は説明義務がある」というルールに違反ということになり損害賠償などが生じる可能性が出てきてしまう。

事故物件の定義の難しさ

実は告知の年数やタイミングに関しての明確なルールはない。

結局はその事件や事故の内容、世間にどれくらい知られているか、周辺の住民がそこに対してどんな感情を抱いているか。

そういったことを総合的に貸主や仲介業の人間が判断して、説明の義務があるかどうかを決めているのが実情である。

よく「殺人事件が起こった部屋でも直後に一人借りたら、もうその後は説明義務がなくなる。だから短期間だけ事故物件に住むバイトがある」などといった噂を聞く。

実際にそんなバイトをしたことがあるという人の話を聞いたことがあるし、業者にしてみればいつまでも大事な部屋を相場より安いまま貸すわけにはいかない。事故直後に入居した人が体調を崩したり不幸になった、という訴えでもなければもう説明する義務はなくなったという判断をしたいだろう。

だがそれはあくまで業界の慣習であり、法律ではあくまで「瑕疵がある物件は説明する義務がある」のだ。

その物件がもう（事故物件ではなくなり）クリーンな物件になったかどうかの判断は非常にあいまいだ。

結局、心理的瑕疵物件とは「契約前に知っていたら借りなかったのに」という借主の感情によるところが大きい。


心理的瑕疵物件に関する裁判の判例を見ていくと、その判断が非常に難しいことがわかる。

例えば平成一年の横浜地裁での判例である。とあるマンションのベランダで首つり自殺があった。だが自殺者の家族はその後も六年間住み続け、のちにマンションを売却した。売買時にベランダでの自殺の過去を買主に告げなかったが、買主は購入後、首つり自殺のことを知り、契約解除と損害賠償を求めて裁判を起こした。売主の主張によると、事件から六年も経っており、その間も平穏に住み続けていたのだから告知義務はない、として争った。

しかして裁判所の判断は「事件後六年以上の経過もさほど長期であるとはいえないことから、本件事件は損害賠償では賄えないほどの瑕疵であるといえる」として売主に契約解除と違約金六四〇〇万円を支払うことを認めた。

一見似た例だが、全く逆の判断をされた例もある。昭和三十七年の大阪高裁の判例だ。

売買より七年前、首吊り自殺事件があった座敷蔵が建つ土地があった。売主はその事実を知ったうえで物件を購入した。そして売却の約一年前に、その蔵を取り壊して別の物置を設置した。物件の買主は契約時にその事実を知らされていなかったとして損害賠償を請求した。だが裁判所の判断は「本件事件は本件売買の約七年前のことであり、事件のあった蔵は既に取り除かれて存在しておらず、また本件事件を意に介しない買受希望者が多数あった」としてこの物件は瑕疵にあたらないと判断された。

この二つの例を見ると、やはり建物が現存するかどうかが判断の分かれた理由に思える。だが、そうとも言えない、もう一つの例を見てみよう。

平成十二年の東京地裁八王子支部での判例だ。

売買されたのは農山村地帯の更地である。かつて、その場所にあった建物内で約五十年前に凄惨な殺人事件が発生した。その後、建物は取り壊され四十数年にわたり放置されていた。その事実を売主と仲介業者は知っていたが買主には告知しなかった。のちに事件を知った買主は損害賠償を求めた。

裁判所は「農山村事件における本件事件は、約五十年経過したとしても近隣住民の記憶に残っていると考えられ」買主がその後も近所付き合いをすると考えたら、これは欠陥である、と判断したのだ。

くどいようだがもう一件だけ判例を見てみよう。

これは平成十四年の東京高裁での裁判である。

東京都中央区のとある賃貸オフィスビルが競売にかけられた。だがそのビルが落札された後に落札者はそこで起こった事件を知り売却決定取り消しを申し立てた。

事件は競売入札の二年前、そのビルの八階の部屋で放火殺人事件が起きていたのだ。言うまでもなく放火殺人といえば重大な事件であり、通常の感覚だと瑕疵物件とされても当然と思える。だが事件の後、その部屋には別のテナントが入居し、競売に至った。

だが裁判所の下した判断はこうである。「匿名性が高い都心部に所在する本件建物での放火殺人事件は、現在において一般の人々の脳裏に残存しているとは考えにくく、賃借者または所有者においてその発生の事実を知って『縁起が悪い』という程度の印象を抱かしめる程度であり、本件不動産の交換価値が著しく損傷されたと認めることはできない」としてこの中立は棄却された。


前記の農山村事件とは大違いである。おそらく前記の事件は五十年前に起こったにもかかわらず、田舎で起こったため付近住民の記憶に残っている。

それに対して中央区の賃貸ビルは事件二年後、しかも放火殺人であるにもかかわらず、人が流れていく都会であるため心理的瑕疵が認められず「縁起が悪い」程度とされた。

このように心理的瑕疵物件＝事故物件の判断は法律においては〈事件の内容、事件からの経過時間、事件当時の状況が残っているか、付近住民の周知度〉などで総合的に判断される。裁判の判例を見ると法律は貸主に対して不利な気がするかもしれない。

だがこのような法律が「住む人の快適さ」を守るために存在しているため仕方ないとも言える。

そう。実際にこの「心理的瑕疵」というものは、実際に住む人の心を壊してしまうこともあるのだから……。

心を壊す心理的瑕疵

〝生き地獄……〟

その部屋を初めて見た時、僕は正直それ以外の感想を持てなかった。

果たしてこんなところに人間が住み続けていけるのだろうか？

とある週刊誌の取材で貧困に苦しんでいる女性たちを取材していたときだった。知人ライターからその女性を紹介してもらうことになった。

彼女の名前は由美さん（仮名）、年齢は当時五十一歳。職業は風俗に勤めているということだった。三〜四十歳以上の女性が多く在籍する〝熟女専門店〟という業態である。収入はよくて一日一万円。だが客もつかず無収入の日も珍しくはないそうだ。

二十年前は主婦だったそうだが、結婚の失敗を機に子供を育てるために風俗の世界に入ったらしい。

彼女はいわゆる〝ゴミ屋敷〟に住んでいるということで、僕はその部屋を取材させてもらうことになった。

取材当日、都内の某私鉄沿線の駅から十五分ほどのドラッグストアの駐車場で彼女と待ち合わせた。

「はじめましてぇ」

時間通りに由美さんは現れた。

淡いベージュのざっくりとした春物のセーターにロングドレスを着た彼女は、聞いていたよりずっと若く見えた。

愛想もよく、軽いソバージュのセミロングのヘアスタイルに、知的そうなメガネをかけた彼女は、小学生くらいの子供がいそうな元文学少女のお母さん、といった風情であった。

とてもゴミ屋敷に住んでいそうには見えなかった。

「じゃあ行きましょうか。ここから五分くらいです」

彼女の案内で僕らは歩き始めた。同行の男性知人ライターは彼女の家に行った経験があった。

「当日天気が悪かったら床がぬかるむので長靴を履いてきてください。あと臭いがきついのでマスクはあった方がいいですね」

彼から事前にそんな注意を受けていた僕は、そうとうな覚悟を持っていたのだが正直拍子抜けしていた。

彼女は思ったよりもまともそうな人だし、歩いている住宅街は中流以上のこざっぱりとした家が建ち並んでいる。

（こんなところにゴミ屋敷なんかあるのだろうか……）

そんなことを考えていたら、

「ここです」

彼女が立ち止まったそこはこじんまりとした二階建てアパートの前だった。

戸建てと戸建ての間に挟まれたその建物は木造モルタル造り。本当によくある造りで工場で作った建材を現場で組み立てる「木造プレハブモルタル造り」というものかもしれない。

上下にそれぞれ三つずつ玄関のドアが見えた。

本当によくあるこれといった特徴のないアパートであった。

だが彼女の部屋のドアの前に立つとその印象は一変した。

彼女の部屋は一階の右端。通りから一番奥まった部屋だった。

なんだか彼女の部屋のドアだけ黒ずんだような妙な雰囲気が漂っていた。よく見るとドアの下部が五センチほど削れたように壊れて隙間が空いている。

彼女がドアノブに鍵を差し込みドアを開けると、途端に強烈なカビとアンモニアの臭いが鼻を突き、まるでガンと頭を殴られたような気がした。

立ちくらみしそうになりながら中を覗くと、昼間にもかかわらず部屋は真っ暗であったが、それでもうっすらと見える異常な光景に目を奪われた。

間取りはおそらく1DKであったろう、かつては。

玄関を開けると左手にはすぐキッチン。右手にはトイレ・バス。四畳半ほどのダイニングがあり、奥には八畳ほどの部屋があったと思われる。

「あ、靴は脱がなくていいので」

そう言われたが、裸足にはなりようがない。

玄関のおそらく三和土《たたき》だった部分から床にかけて、何かコンクリート状の物が堆積してまっすぐ立つこともできない。

ためらいながら中に入ると、もともと服だったのか、紙だったのか何かわからないものが山になっていて、それを踏み越えて中に進む。

カーテン越しにうっすら日の光が透けて見えるが電気は点かないようだ。

ブーンという音がずっと聞こえていたが、キッチンの換気扇だけは二十四時間回っているそうだ。

あっけにとられて部屋を眺めていると、ガサッと音がして何かが目の前を横切った。

猫だ。子猫が数匹ゴミ山の中を駆け回り始めた。

よく見ると子猫だけではなく、成猫も物陰に隠れながらこちらに警戒の目を向けていた。

ゴミ山をよく見ると文字が見える。もともとは雑誌だったものが踏み固められているようだ。

部屋の隅に猫用の餌の大きな袋が積み重ねられ、袋が破かれて中身が周りに散乱していた。

どうやら猫は袋を勝手に破って勝手に餌を食っているようだ。

よく見ると猫のトイレのプラスチックがゴミ山の下の方に見えた。糞尿が砂の上に溢れ、その上にまた砂を足してそこに猫が排泄し、またその上に砂をかぶせて、ついにはその砂が固まり先ほどのコンクリのようになって床の高さを上げている。

その上に立っている僕らは、おそらく本来の床の一メートル近く上なのだ。

そのため僕らは腰を折ってかがまないと天井につかえて奥の部屋まで入っていけない。

「……由美さんはここで生活してるんですか？」

思わず僕は聞いた。すると彼女は、

「そうですよ」

にっこりと笑いながらそう答えた。

「散らかっててごめんなさいね」

僕は何を聞いてよいかもわからないまま、とりあえずさらに質問した。本当ならこの空間で口を開きたくない。

「どこで寝てるんですか？」

すると彼女は山の一部を指差した。その部分はよく見ると長さ一メートル、幅三十センチほど窪んでいた。

彼女はそのゴミ山の窪みで寝ている、と言っているようだった。

「不思議に私の寝床ではトイレはしないんですよ。すればどんな目に遭うかわかってるからかもしれないですね」

彼女はさらに笑顔で言った。だが笑っているのは口だけで、目は細くすぼめられ瞳の色は全く窺えなかった。

僕はこんな笑顔をする人は決して信用しない。

限界だ。

僕は言った。

「ちょっと外でお話ししませんか？」

「景気のよい時は月に一〇〇万以上は稼いでましたよ」

「将来の夢は働かず趣味に生きる〝高等遊民〟ですね」

駅へ向かいながら彼女はそう語った。

だが売れっ子風俗嬢だった彼女も年齢を重ねると共に指名客は減り、景気も悪くなり、十年前に家賃の安い今のアパートに子供と共に引っ越した。

五年前に子供が独立して出ていき、それを機に部屋がだんだんと荒んでいき二年で今のようなゴミ屋敷に変貌したそうである。

「猫は子供が出ていってから寂しくなって飼い出したんですけどね……」

当たり前だが生きている猫は排泄をする。だが彼女はゴミを捨てに行くのが「おっくうで」という理由で放置した。

猫に対して避妊手術なども受けさせず、猫は子供を産み、その子猫たちを放置したため近親交配を繰り返しさらに増えていく猫と糞尿。

無限に増加していくゴミで床は日々高くなっていき、最近は腰も悪くなり、さらにゴミを捨てに行くのが億劫《おっくう》になってしまったという（後で知人ライターに聞いたところ、増える猫たちに餌も与えず放置してついには猫たちは共食いを始めたらしい。そのためさすがに、出ていった息子が、今では定期的に猫の餌を大量に置いていくそうである）。

彼女の話を聞きながら僕は正直、吐き気を催していた。

「部屋があんな状態になって大家さんは何も言わないんですか？」

僕が聞くと彼女はこう言った。

「大家さんすごくいい人で、あーあ、仕方ないね〜、って困った風に笑ってます」

僕はあっけにとられたが彼女は笑顔でさらに続けた。

「あの部屋、相場よりすごく安かったんですよね。なんだか前の人が首を吊って亡くなったらしくて。それでその前にもなんだか変な亡くなり方した人がいらしたらしくて。だから私が十年も無事で居てくれてるのがありがたいみたい」


縊死。事故物件。遺体。猫。連続する死。瞳の見えない笑顔。

僕の中で何かがつながった。


「だからかもですね。私最近お客さんに呼ばれてホテルに行くと、その部屋で死んだ人がいるかどうかとかわかるようになったんですよ。この前もね……」

彼女がそう話しだした時に僕らはちょうど駅前に着いた。

本当は駅前の喫茶店で彼女に話を聞くつもりでここまで来たのだが、僕は彼女にこう告げた。

「今日は貴重なお話をありがとうございました。お礼は月末に振り込ませていただきます」

貧困と孤独。彼女を追い込んだ不幸は同情に値するかもしれない。

だが、彼女自身をまともな人間と呼べるのだろうか？

かろうじて人の外見は保っているが、同じ部屋に住む命の生き死にに対して無頓着で、強烈な悪臭に気づきもせず彼女は毎日を過ごしているのだ。

灯りも点かないあの空間で、ゴミ山の窪みの中に繭のようにすっぽりとはまり、目だけ何かを見つめながら……。

そんな彼女の姿を想像しながら僕は「事故」という言葉の意味を思い出していた。

事故。じこ。思いがけず生じた悪い出来事。物事の正常な活動・進行を妨げる不慮の事態。

事故。ことゆえ。よくないことが起こること。さしさわり。

続けざまに人が死んだ「事故物件」と呼ばれる部屋が、彼女をあんな風に変えてしまったのか。

それとももともと彼女自身が事故〝人間〟で、部屋をあのような地獄に変えてしまったのか。

「彼女とはもう二度と会うまい」

そう考えていた僕には、その時点では確かめようがなかった。

部屋から出さない猫は現在10匹。近親交配のせいで目が悪く、なんらかの遺伝病を抱えている。

このゴミの中の窪みが、由美さんの寝床。慣れれば寝返りもうてるというのだが。

【参考資料】
一般財団法人　不動産適正取引推進機構・不動産取引紛争事例等調査研究委員会機関誌「RETIO」

＊動物を虐待から守るための法律として動物愛護管理法があります。
ネグレクトなどの動物虐待を見つけた場合は先ず警察に通報しましょう。
確証がない場合は動物愛護センターや地方自治体に相談してみてください。

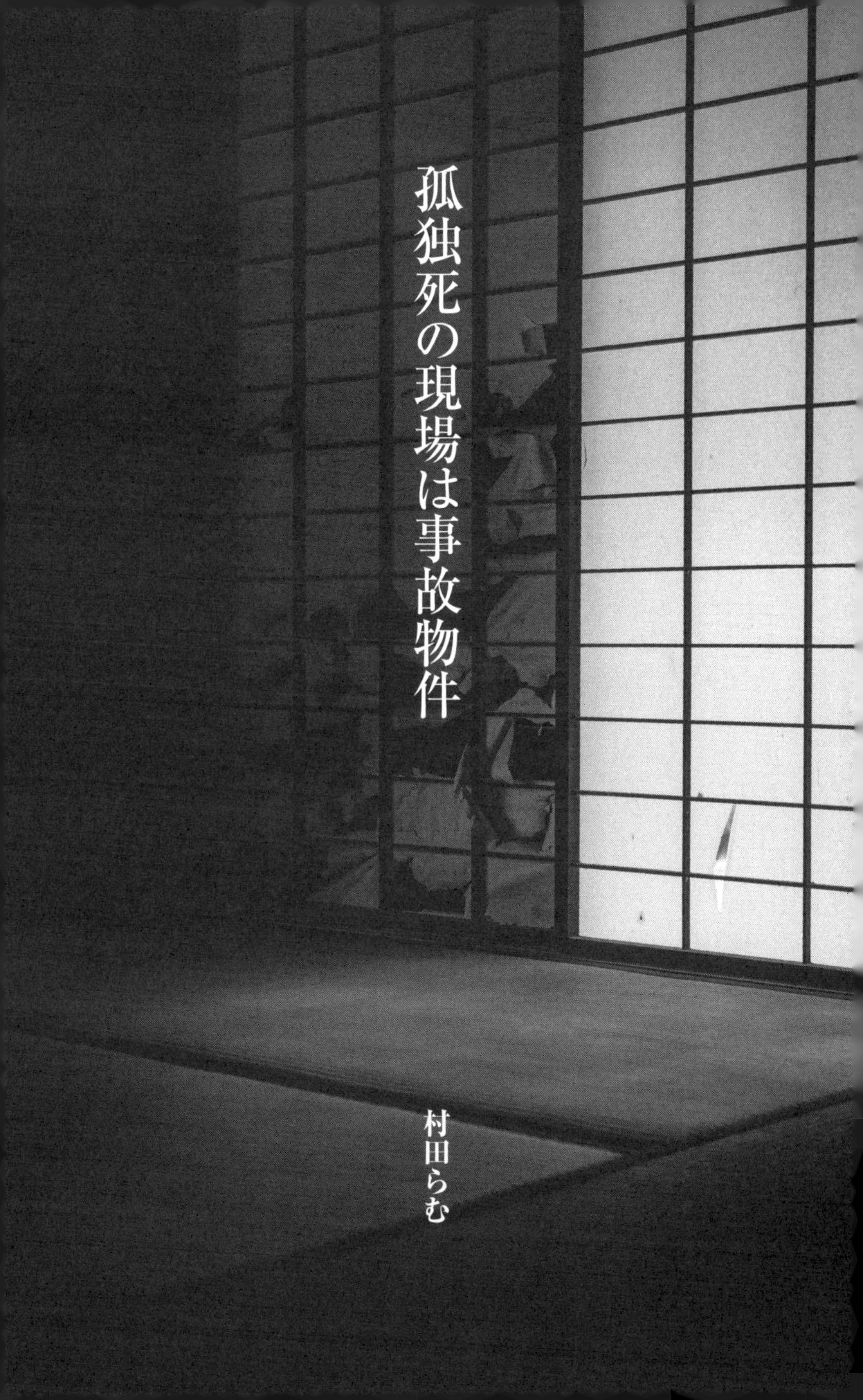

孤独死の現場は事故物件

村田らむ

村田らむ（むらた・らむ）
愛知県名古屋市生まれ。ライター、漫画家、イラストレーター、カメラマンとして活躍。廃墟、ゴミ屋敷、新興宗教、樹海などをテーマにした体験＆潜入取材を得意とし、ホームレス取材においては20年以上かけている。著書に『ホームレス大博覧会』『ホームレス大図鑑』『禁断の現場に行ってきた!!』『ゴミ屋敷奮闘記』『樹海考』、最新刊に『ホームレス消滅』、共著に『危険地帯潜入調査報告書』『読むゾゾゾ』、写真集『廃村 昭和の残響』など多数。

事故物件の話になると、よく起きる討論がある。

「孤独死が起きた物件は事故物件か否か？」

という論争である。「孤独死物件は事故物件ではない」という人の言い分は、

「孤独死は自然に人が死んだだけであり事故ではない。だから事故物件ではない」

というものである。たしかに説得力はある。


僕は、取材のために二年間、ゴミ屋敷の清掃会社で働いていた。僕が働いていた時には、まだ特殊清掃（家主が室内で亡くなった物件の清掃）はあまりしていなかった。

僕が辞めた後にそちらの事業も展開したので、お願いして三回ほど現場を取材させてもらった。また大阪の清掃業者にお願いして、特殊清掃の様子を取材させてもらったこともある。それに加えて、知人の父親が室内で亡くなった現場を清掃した。

その、すべての物件の家主は孤独死で亡くなっていた。

現場を見てきた者として率直に言わせてもらえれば、

「孤独死の現場は事故物件」

である。

殺人事件も自殺もすぐに見つかる場合がある。包丁で刺して殺した場合などは血がそこら中に飛び散るが、首を絞めて殺した場合は部屋はそれほど汚れない。自殺も同じことが言える。死に方によっては、部屋は全く汚れない。

孤独死ももちろん亡くなってすぐに見つかればなんの問題はない。先日、知人が自室で亡くなったが、亡くなった翌朝、部屋を訪れたヘルパーに見つかったのでなんの問題もなかった。

だが多くの孤独死現場は時間が経ってから見つかることが多い。

そもそも、死体が発する臭いを近所の人が気づいて、発見される場合が多い。つまり、ドアの細い隙間から強烈な臭いが漏れるくらい腐っているのだ。腐ってしまえば、部屋は汚れる。部屋がどのような事態になっているのか、具体的に説明していこうと思う。

気づかれない遺体

まずは僕が清掃業者で働いていた時の話だ。

同僚の清掃職員がある現場に行った。中年男性が住む和室のワンルームのアパートだった。うず高くゴミが積まれた、よくある当たり前のゴミ屋敷だった。

掃除を終え帰社しようとしたら、大家さんに呼び止められた。大家さんは、掃除する様子を見ていたらしい。

「今日掃除してもらった隣の部屋もゴミ屋敷になってるのよ。それでよかったら、そっちの部屋も掃除してもらえないかな？　住人はおばあちゃんなんだけどいつの間にかいなくなっちゃって……。家賃も払ってもらえずに困ってるの」

とお願いされた。急ではあったが、しっかりと清掃代も払うというので引き受けることになった。

数日後に訪れ、大家さんに鍵を開けてもらう。ゴミ屋敷としてはさほどでもないが、たしかに物が多かった。ゴミを掘り出すと、せんべい布団が出てきた。

なんの気なく清掃員が掛け布団をはがすと、そこに住人のおばあさんがいた。

「うわっ‼　ミ、ミイラ⁉」

凄惨な現場での作業に慣れている清掃員も思わず叫んでしまったそうだ。その時の写真を見せてもらったが、おばあさんはほぼ白骨化していた。すでに乾燥していて、臭いもあまりしなかったという。

「すぐに警察呼びましたよ。警察が死体を運び出すまでは作業できないですから。でも掃除じたいはキャンセルになりませんでした。警察が帰った後に、清掃しました」

しばらくして死体は警察が運び出していった。冒頭でも書いたが、孤独死の現場は漏れ出た臭いで周囲の人が気づくケースが多い。今回はなぜ気づかれなかったのだろうか？　亡くなったのが痩せた老婆だったから腐敗臭が少なかったというのはある。ただ一番の原因は、近所に住む人が隣の中年男性だけだったことだ。

「隣の人に話を聞きましたけど。たしかに臭いなあと思ってた時期はあったみたいです。ただ、男性は『自分の部屋が臭いんだろう』と納得してしまったみたいです」

と職員は話した。そうしてひと通り腐ったあとは、乾燥していき、ほとんど臭いも出なくなってしまったというわけだった。

老婆はずっと誰にも気づかれることなく、ゴミに埋もれたまま静かに腐り、静かに乾燥していったのだ。

死臭とはどんなニオイ？

僕が初めて足を踏み入れた特殊清掃の現場の話をしたい。現場は二階建ての部屋数が多いアパートだった。外観は明るい黄色で若者が住んでいるような雰囲気だった。しかし実際の住人は七十歳の独居老人だった。

清掃会社のバンで現場に到着する。清掃員は、事故物件のドアの前をスルーして、窓側へ移動した。彼は、

「玄関じゃなくて、窓から入りますよ」

と言った。このアパートは玄関の鍵がダイヤル式なので、住人にしか開けられないのだ。警察もドアを開けることができず、窓を破って室内に入っていた。ガラス窓の鍵の部分に小さな穴を開けて開錠したようだ。ガラスは大きく割れないように布粘着テープで仮どめしてあった。

カーテンは開け放しになっており中を覗くと、無数のキンバエがわんわんと部屋を飛び回っているのが見えた。カーテンにもおびただしい数のハエが止まっている。

清掃員は少しだけ窓を開けて、殺虫剤のノズルの先を突っ込んでブシューッと撒いた。

しばらく放置してハエが動かなくなったのを見た後、脚立を使って窓から中に入った。窓を開けっ放しにすると、臭いが漏れて近所に迷惑がかかるため急いで中に入り、すぐに閉める。猛烈な腐敗臭が鼻をついた。脳を直接ハンマーでゴンッと叩かれたような強烈な臭いだ。

実は、僕が行った五件の特殊清掃の現場の中でも、ここの臭いが最もきつかった。死体はすでに警察によって運び出されているのにもかかわらず、猛烈に臭う。住人が買っていた食材も腐っていたため、その臭いも混ざっていた。

おそらく鉄筋コンクリート造のマンションで、臭いが逃げないのが原因だ。

僕はよく青木ヶ原樹海に取材に行く。そこで死体を見つけたことも何度もある。かなり腐敗が進んだ遺体も見たこともあった。たしかに臭いはしたのだが、かなり近くに寄らないと臭わなかった。臭いは拡散されてすぐに散っていくのだ。

逆に、拡散されない鉄筋コンクリートのマンション内での孤独死の死臭は強烈なのだ。

「死臭ってどんな臭いなの？」

と聞かれることがある。臭いを説明するのは難しい。そして現場ごとによってまた臭いは違う。クサヤっぽかったり、大便の臭いに似ていたり、野菜の生ゴミの臭いであったり――そこらへんの腐敗臭を合わせたような臭いだ。

清掃員に防毒マスクを渡され顔に装着して、やっとまともに呼吸をすることができた。

改めて部屋を見渡してみる。ワンルームの室内にはほとんど家具はなかった。家主は肉体労働に従事していたらしく、作業道具が衣装ケースに入っていた。お酒もよく飲んでいたようで、ビールの空き缶や焼酎の大きいボトルがいくつもたまっている。テーブルの上には種類ごとに分けた小銭がキチンと並べられていた。彼が絶命したのは玄関だった。

「玄関のドアに向かって倒れて、そのまま亡くなったみたいですね。ここが頭の位置です」

と作業員が指差す場所には、黒い塊《かたまり》が落ちていた。

なかなか密閉性の高いアパートだったため、一ヶ月以上気づかれなかった。身体はかなり腐っていたはずだ。頭部が腐ると髪の毛がごっそり抜ける場合が多い。場合によってはずるりと頭皮ごと落ちる。先ほど、作業員が指差した塊は、髪の毛と頭皮と体液が混ざり黒く固まった物だった。体から出た腐敗液は、玄関に流れて赤黒い染みを作っていた。

風呂を見ると少量だが吐血の跡があった。どうやら、お風呂で具合が悪くなって外に出ようとしたが倒れてしまい、そのまま絶命したようだ。

作業員は感染症の防止のため全身に防護服を着込んでの作業になる。夏場にはかなり過酷な作業だ。

現場はアパートの一階で、床はフローリングではなくクッションフロア（ビニール製の床材）だった。

まずは死体があった周りのゴミを廃棄してしまう。周りに体液を飛散させないよう、慎重に作業を進める。

片付け終わったら、クッションフロアにカッターナイフで切れ込みを入れて汚れている部分を一気にはがす。床材は二重に貼られていて、はがすのに難儀をしたが、一階であるためはがしてしまうと、コンクリートがむき出しになる。

とにかく腐っている物を取り去ってしまったら、徐々に臭いは消えていった。最終的にはオゾン脱臭機をかけて作業を終了した。

これでもちろん作業は終わらない。この作業はとりあえず迅速に臭いを止めて、遺族が遺品を調べるために室内に入ることができるようにする第一次の処理だった。

ただ、この部屋を訪れたいという住人の遺族は見つかっていなかった。

人から出た液体の行方

次に紹介するのは、やはり洋間のワンルームのアパートだった。

部屋に入るとやはり腐敗臭がしたが、耐えられぬほどの臭いではなかった。一歩足を踏み入れると、ひたりと液体がフローリングを濡らしていた。ひょっとして漏水でもしてるのかな？　と思い、洗面所の方を見たがとくに問題はなかった。首をかしげている間に、清掃員が淡々と説明をしてくれた。

「住人は女性だと聞いてます。その他の情報は全くもらってないですね」

室内に入って、女性がどこで死んだのかすぐにわかった。部屋に敷かれたカーペットに、ハッキリと死体の跡がのこっていたのだ。まるで、キリストの死体を包んだと言われる、聖《せい》骸《がい》布《ふ》のようだった。

頭の位置、右手の位置、骨盤の位置が、よくわかる。体の周りには、まるで点描画のように黒くて大きいハエがバラバラと落ちていた。頭の位置にはごっそりと髪の毛が落ちていた。髪の毛は茶髪だがよく見ると白髪を染めているようだった。近くには入れ歯も保管されていたので、どうやらそれなりに歳をとった人のようだ。

一人暮らしだとしても生活感の薄い部屋だった。小さなテレビや、炊飯器は床に直置きだった。ちゃぶ台の上には、ベビーパウダーと化粧水、鏡と小銭が適当に置かれていた。部屋に落ちている書類を見るにどうやら、金銭的に苦労していたらしかった。

作業員がまず、カーペットをはがした。死体から出た液体はカーペットを突き抜け、フローリングに黒いシミを作っていた。

ここまでは想像できたのだが、意外だったのはシミの周りが濡れていたことだった。濡れている場所はかなり広かった。部屋の中心はすべて濡れており、玄関や風呂場の方へ向かって流れるように濡れていた。これはなんの液体ですか？　と聞くと、

「これは死体から出た脂《あぶら》ですね。真っ黒な体液も出るんですが、透明な体液も出るんです。よくこれが室内中に広がるんです。もっと液体がヒタヒタになっていることもありますよ」

と、こともなげに説明してくれた。ということは、部屋に入って一歩目に感じた液体は死体から出た透明な液体だったということだ。ズンと気持ちが重たくなった。

「黒いシミになっている部分以外は掃除しない業者も多いですよ。実際には汚れは部屋中に広がっている場合が多いです。もっと言えば、部屋の外も汚染されていることが多いです」

作業員は床に落ちているゴミを拾いながら、軽い感じで言う。部屋の外が汚染されるとはどういうことだろうか？

「今回はフローリングで液体が止まってますが、フローリングも突き抜けることがあります。床下に落ちた液体は、そのまま床下のコンクリートにたまります。液体ですけど当然、有機物がたくさん入っていますから腐りますし、臭います。また液体が配線に落ちると、線を伝って広がります。汚いだけでなくショートなどトラブルの原因になります。完全にきれいにするのはかなり難しいですね」

死体から流れ出た液体が建物の隅々にまで伝わっていくというのは、恐ろしい気がした。

「人間の身体から出た脂は低い温度で溶けます。床に指を当ててしばらくして、じんわり溶けたら人の脂である可能性が高いですね」

と笑顔で、人の脂の発見方法を教えてくれた。

事故物件では霊的なことが取り沙汰されることが多い。だから、

「オレは霊とか信じないから住もう」

という人があらわれるのは当然のことだ。だが事故物件は物理的に広範囲に汚染されている可能性が高いのだ。

遺体は玄関のドアに向かって倒れていた。
外に出られたら助かったかもしれない。

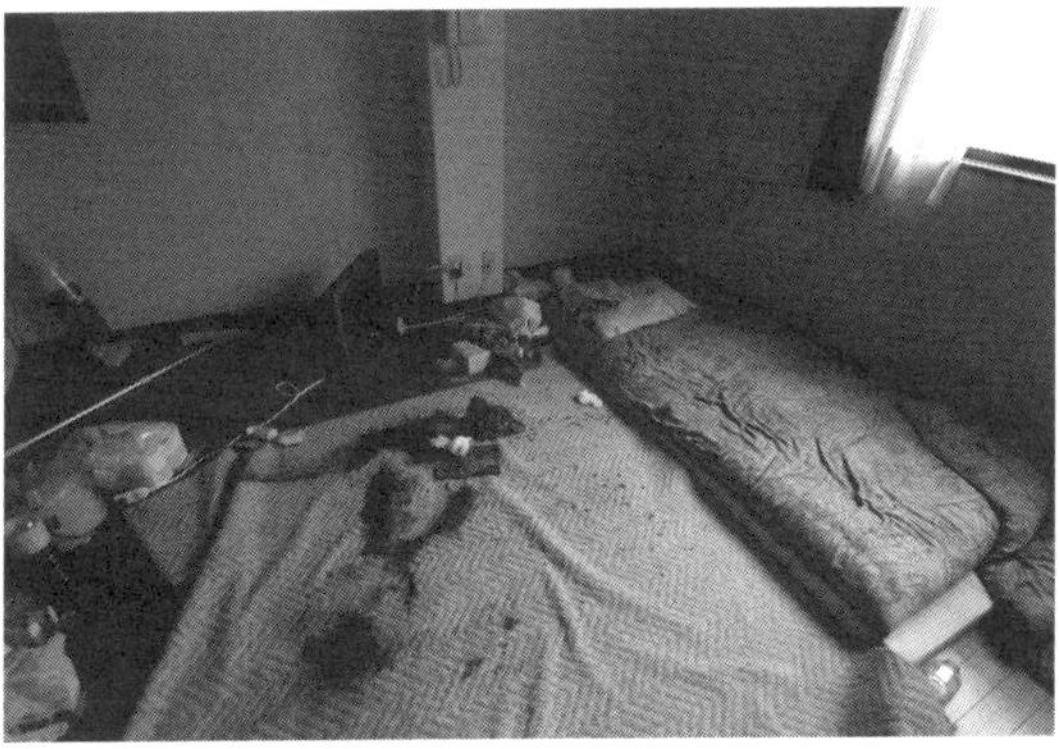

聖骸布のように身体の形がハッキリとのこった絨毯。液体は床まで染みていた。

畳とゴミ屋敷

三軒目は、初めての和室だった。

いかにも昭和時代に建てられた、古い木造アパートの一室だ。亡くなったのは女性で、室内で倒れて亡くなっていたのが見つかったという。死体はかなり傷んでから見つかったと聞かされたので、覚悟して室内に入った。思っていたような強い臭いは襲ってこなかった。

「和室は洋間に比べて隙間が多いですから、あんまり臭いはこもらないことが多いですよ。臭いが外に漏れるため、比較的発見が早い場合も多いですからね」

と説明してくれた。

室内は臭いはさほどでもなかったが、ややゴミ屋敷だった。

風呂場にはダンボールや古雑誌、カートや汚れた衣類などが適当に突っ込まれていた。湯船の中もゴミでいっぱいで長年使った様子は見られない。トイレにも荷物がたくさん突っ込んであった。こちらはどうやら使用はしていたようだが、でもかなり不便そうだ。

室内はうず高くゴミが積まれているという感じではないが、だいぶ散らかっていた。

ふと見ると乱雑な部屋なのに、アガサ・クリスティーの文庫本だけがセットできれいに本棚に並べられていた。推理小説が好きな人だったのかもしれない。なぜかこれがすごく印象に残った。

もしもっとひどいゴミ屋敷で人が亡くなった場合は、大変だろうなあと想像する。

「あ、でもゴミ屋敷の場合かえって楽なこともありますよ」

と清掃員が話しはじめた。

清掃で一番大変なのは死体から出てくる液体の処理だということは、読者の皆さんにもわかってきたと思う。液体はどこにでも流れ、染み込むので厄介だ。

「ゴミ屋敷の場合、服や雑誌などがうず高く積まれている場合が多いです。必然的にその上で亡くなるわけですが、遺体から出た液体をそれらが吸う可能性があります」

液体を吸ったゴミは、通常のゴミ屋敷を清掃するようにどんどんゴミ袋に詰めていくことができる。ゴミ屋敷の清掃が完了すれば、特集清掃も同時に終わる。

だが今回の部屋はそこまで楽な展開ではなさそうだった。亡くなっているのは、床の上だった。亡くなっていた部分には黒いシミができている。床の上には絨毯と紙が敷かれていたが、当然突き抜けているだろうと思われた。なぜか部屋の真ん中にお風呂の椅子がドンと置かれている。

よく見ると黒いシミの中に白い点がいっぱい見えた。蛆虫だった。死体がなくなってもまだ死んでおらず、グネグネとあがいている。清掃ではよく見かける蛆虫だが、やはり気分は悪い。蛆虫はかなりの広範囲にわたって移動しているようだった。

　汚れた部分を手っ取り早く片付けたいが、汚れはタンスやベッドの下まで広がっており、それらを片付けてからでないと、どうしようもなかった。腐った体液と蛆虫はそのままにして家財道具を外に運び出した。そして同時に畳も運び出した。

「畳には体液がよく染み込んでいます。なので、いったん会社で水洗いをして干した後に、ゴミとして処理します。干していたら畳にまさに人の形のシミが浮かんできたことあったんですよ。たまたま会社に、霊感があるという女性が訪れていたんですが『畳の横に人が立っているのが見える!!』って言い出して、社内が軽くパニックになっていました」

　と、とてもヘビーな状況を、笑い話のような軽い調子で話してくれた。

　畳で液体が全て吸収されてしまったら、畳を運び出したら終わりだが残念ながらそうはいかなかった。畳と畳の隙間から液体は下に流れていた。そして床板に大きな黒いシミを作っていた。

「これは結構漏れてますね。下手したら下の階に漏れてるな」

　とつぶやく。木造アパートは当然床も木でできている。漏れ出た液体の量が多ければ、当然下の階に滴り落ちる。

「下の階の人の通報で判明することも多いですよ」

　天井にシミができたり、たわみができる。液体が滴ったり、中には蛆虫が落ちてきて気づく場合もあるという。それは、トラウマになりそうな状況だ。

全ての荷物を運び出して、シミの部分は洗剤をつけたブラシで洗った。そして最後はペンキで塗り込めた。まだ残り香があったが、風を通せばすぐに臭いは消えてしまうだろう。

アパートのフローリングと一緒で、掃除が終わった後には床板も張り替えるのか？　と尋ねてみた。

「和室の場合は張り替えないですね。というか張り替えられないです」

だから住人が入れ替わり立ち替わりしても、床下のシミはずっとありつづけるのだ。

大阪の特殊清掃業者

今までの業者とは違う、大阪の特殊清掃業者を取材した。今回も古いアパートだった。神社の真隣にある物件だった。

まだ現役の物件らしいが人が住んでいない部屋も多そうだった。そもそも住む人が減っていたのか、事故物件が出たので人が離れたのかはわからない。

業者の人と一緒に室内に入る。ドアを開けると、玄関先にくん煙式の殺虫剤の使用済みの空き缶が並んでいた。

「たぶん大家さんが置いていったんやろうね。わいちゃったハエを殺そうと思ったんだろうけど。でも元の汚れを絶たないと難しいけどなあ」

と言いながら室内に入った。ハエはほとんど飛んでいなかった。

キッチンには、線香が焚かれていた。これもやはり大家さんが焚いていったようだ。線香はそもそも臭い消しだと言われているが、ただ事故物件の死臭を消すには至らない。ただ今回も臭いは漂っているものの、部屋にいられないというほど臭くはなかった。

しかし部屋の光景はかなり衝撃的だった。

室内はとても片付けられたシンプルな部屋だ。壁にはクローゼットが置かれているだけだった。ガラス戸には洋酒とグラスが並べられている。その下には小さめの仏壇が置かれていた。ごく小さいブラウン管のテレビと、扇風機が部屋の隅にあった。亡くなった家主の几帳面さが伝わってくる。

そして部屋にはベッドがドンと置かれていた。ベッドの白いシーツが真っ茶色に汚れていた。ベッドの下に髪の毛が一瞬「カツラかな?」と思ったくらい大量にズルリと落ちていた。ベッドの上には家主のメガネが落ちていて、その周りには無数のハエとウジの死骸と抜け殻が落ちていた。

そしてベッドには掛け布団がかけられていたのだが、ぐしょぐしょに濡れていた。

「この人、掛け布団をかけた状態で亡くなったんやろうね。夏場やったからそのまま腐って、掛け布団にも敷布団にも体液が吸われたんだろうね」

警察官がはがしてそのまま置いていったのだろう。掛け布団からは液体が滴り、その液体がたまった所にもウジが湧いていた。

作業員は布団を丸めて、大きな専用のビニール袋に入れていく。バラバラバラとハエの死骸が畳に落ちる。

大家さんが毎日のように殺虫剤を焚いた理由がわかる。ハエの繁殖力の強さ、たくましさには、現場に行く度に驚かされる。

この部屋にある物は、基本的に全て捨てることになっていた。もちろん貴重品だけは、保管する。しかし本当に物がない部屋だった。机の上には、日々飲んでいた薬が置かれていた。郵便貯金通帳が出てきたがデザインが見たことがないほど古い。昭和三十九年に作られた通帳だった。登録されている住所を見ると、大阪のドヤ街西成だった。おそらく当時、日雇い労働者として働いていたんだろう。

通帳に挟まれていた写真がパラパラと落ちた。古い白黒写真だった。学生服で猟銃を構えていたり、景勝地で仲間たちと並んで写真を撮っていたりする写真だ。女性の写真もあった。おそらく思い出の写真なのだろう。捨てるのは申し訳ない気がしたが、でも捨てるしかない。

よそ見をしている間にもどんどん作業は進んでいた。汚染された物を運び出した後は、家財道具の解体に入った。ベッドやタンスも、バラバラにするのは一瞬だ。どんどん木片にして運んでいく。ただ、仏壇だけは解体しなかった。

「仏壇はさすがにバラバラにはせんね。専門の業者で弔ってもらってから廃棄やね」

と教えてくれた。床下にも汚れはついていたが、微々たるものだった。洗浄剤をつけて丁寧に洗って処理は終わった。

数時間で作業は終わり、部屋にはきれいさっぱり何もなくなった。貴重品は片手で持てるくらいの量しか残らなかった。

すごくスッキリした気持ちになったが、それと同時にここに人が住んでいたこと、それ自体がもう消え去ってしまったような気がして、なんとも言えず寂しい気持ちになった。

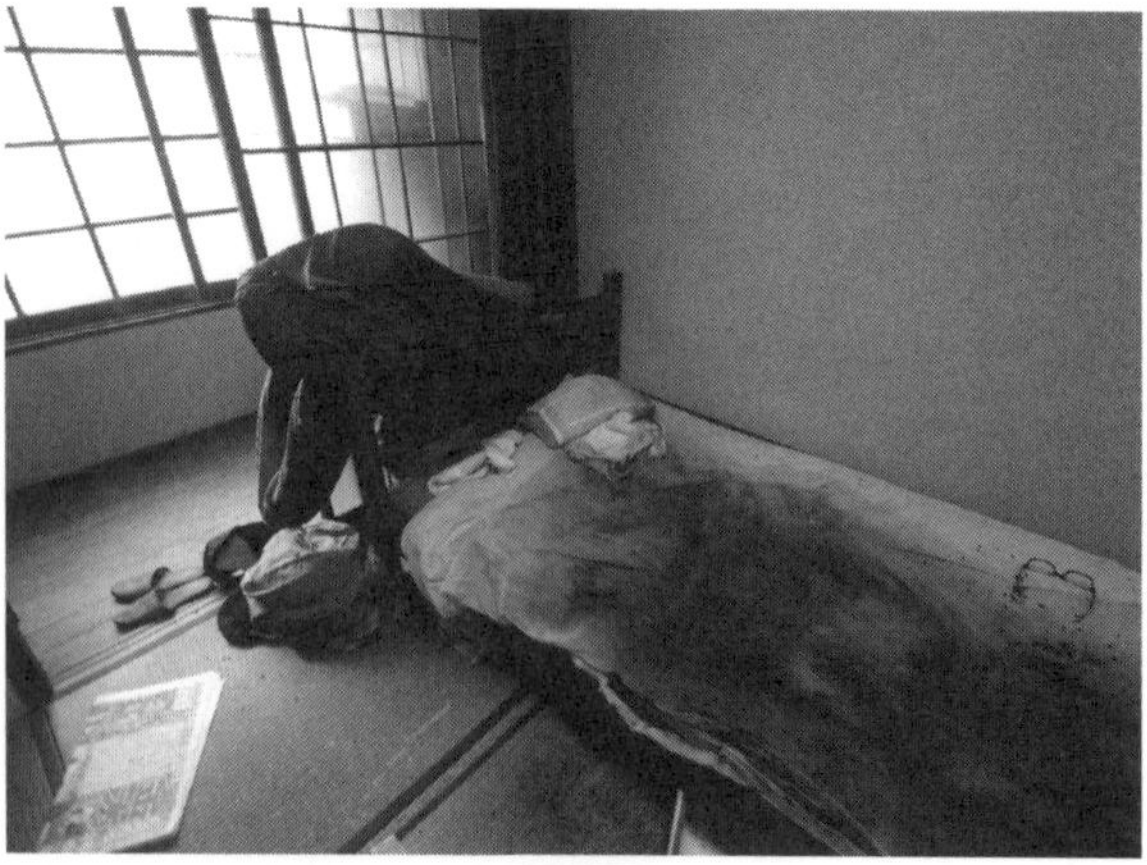

死体から溢れ出た液体でぐっしょり濡れた布団。ハエが大量に湧きその抜け殻がそこら中に散らばっている。

父親の孤独死に向き合う

最後は業者への同行取材ではない。

ある日、知人の女性から連絡があった。

「別居している六十九歳の父親が孤独死してしまい、一人で全てを背負わなければならなくなった」

と言われた。父親と別居したのはかなり昔の話だそうだ。

「父親は毎日お酒を飲む人でした。母親とは常にケンカをしていて、暴力を振るうようにもなっていました」

彼女が中学一年生の時に両親は離婚、彼女は母親について家を出ていった。父親は継続して家族で住んでいた都内の団地に住み続けた。離婚した後、父親との仲は少しだけ改善し、数年に一度は会って話した。最後に会ったのは七年前だったという。

「その時に、老後の話をしたんですが、地元には帰らない、死んだら離婚した母親の墓に入るんだ、って言ってて。母は離婚した後に再婚してるから入れるわけないんですけどね……。勝手な人でした。もちろん終活なんて全く考えていませんでした」

父が死んでいるのに気づいたのは、同じ団地に住む隣の人だった。

「隣人から『新聞がたまっているから様子を見てくれないか？』と母親に連絡が入ったそうです。母が小窓から覗いたら、強い腐敗臭がしたので警察を呼びました」

警察もドアから室内に入ることができず、屋上からロープを垂らしてベランダに降り、窓を破って部屋に入った。父親は浴室で死んでいた。死後、二週間以上経っていた。

父親の実家の兄弟も、元妻も引き取りを拒否した。娘が引き取りを拒否したら、無縁仏として処理されることになる。

「もちろん、父が無縁仏になるのは気の毒だなって気持ちはありました。ただ、それ以上に部屋を一目見たいという気持ちがありました。幼少期家族で過ごした場所ですし、家族がバラバラになった以降、父がどのような生活をしてきたのかも見る責任が私にはあると思いました」

一番の問題はお金だった。葬儀代はなんとか安くすませたが、それでも四十万円ほどの費用がかかった。

本来はもう少し安くできるのだが、死体が腐乱していた場合にはより余計にお金がかかる。死体を処理するスタッフに対する特別手当や、腐乱死体用の特別な安置処理などに十万円かかるのだ。死体の状態によって葬儀の値段が変化することはあまり知られていない。

お金がかかってしまったので、部屋の掃除は自分たちでせざるをえなくなった。僕も、手伝うために同行した。

ドアを開けると、むあっと臭いが漂ってきた。死臭ではなかった。五十年間の生活で沁みついた生活臭が強く残っていた。

部屋は男やもめらしく随分散らかっていた。そして埃っぽい。自室には趣味だったという機械の製図の書類が山のように残っていた。

彼女が家を出てから二十年、一度もキチンと清掃はされていなかったようだ。

亡くなった場所は、風呂場だったようだ。よく見ると多少、吐血の跡があったがほとんど汚れていなかった。死体を運び出した警察官が浴室の汚れを流しておいてくれたのかもしれない。

死体から出た液体の掃除などはしなくてよいことがわかり、ほっと胸をなでおろした。そこそこ散らかってはいるものの、自分たちで清掃できるレベルだった。

奥の部屋に入ると、ピタッと彼女は固まってしまった。驚愕の表情をしている。

寝室の床には、切り抜かれたエロ本のグラビアが所狭しと並べられていた。しかも女子高生をテーマにしたロリコンチックな写真ばかりだった。『チョベリグ』と懐かしい流行語がタイトルになっているエロ本もあった。

そのエロ本の隣には女性が幼稚園の頃に描いた絵や賞状なども乱雑に落ちていた。まさに糞も味噌も一緒な状態だ。

「七十歳ちかくになっても性欲ってなくならないんですね。しかもロリコン趣味なんて、最低だなあ」

と女性は力なく笑った。

それ以外にも懐かしのＶＨＳのアダルトビデオがたくさん出てきた。『女子高生無修正版会員専用 無修正　其の二』など、ここでもロリコン趣味が垣間見える。

親のリビドーを見るのは子供として最悪だと思うし、子供に見られるのは親として最悪な気分だろう。

少し気落ちしたまま作業を進めていると、貯金通帳が見つかった。中には八十万円弱の貯金があった。

「ギリギリですけど父親の貯金で、葬儀代や部屋の回復代などがまかなえそうです」

ホッとして、作業を進める。

ドアがガンガン!!　とノックされた。ドアを開けるとニコニコ笑ったおばあさんが一人、おじいさんが二人が立っていた。片付けの手を止めて女性が対応すると、

「元気？　覚えてる？」

とおじいさんが笑顔で言った。すごく不自然な雰囲気であり、女性は怯えながら小さく首を振った。おばあさんがやはり笑顔で、

「私たちは○○○という宗教のものです。Ｋさんが亡くなったと聞いてきました。〝本尊〟

を返していただけますか？」

と言った。彼女はその宗教の信者ではないため「わからない」と答えると「探してください」と言われた。笑顔だが有無を言わさない迫力があった。

しばらく探していると、先ほどのＶＨＳのアダルトビデオの山の後ろに深緑色の重厚感のある箱があった。

「これですか？」

と恐る恐る聞いてみると、おばあさんたちは、

「それです‼　良かった‼　良かった‼」

と大事そうに箱を抱えて帰っていった。

この部屋でお父さんが亡くなったのを知って、本尊を返してもらうために、ずっと見張っていたのだろうか？　大きな団地だったが、団地内でその宗教のネットワークができているのだろう。これが一番怖い出来事だった。


というわけで、実例を挙げて孤独死による事故物件を紹介してきた。

実際に特殊清掃の現場を見たことがある人は、自分が孤独死の事故物件に住むのは嫌だと思うようになると思う。

とはいえ、誰しも孤独死する可能性はある。死後、腐敗が進む前に見つけてもらえるようなセキュリティサービスに加入したり、死後見つかりたくないものがある人はとっとと処分しておくのがよいと思う。

まあ死んでしまったら、振り返ることもできないので、どうでもいいことではあるが。

事故物件になってしまったゴミ屋敷。すべて取り除かないと床の汚れが取れないため大変な作業になる。

事故物件の光と闇——太陽の祝祭

大島てる

大島てる（おおしま・てる）

平成17年9月に事故物件公示サイト「大島てる」を開設。当初は東京23区のみを対象としていたが、その後徐々に対象エリアを拡大していき、現在では日本全国のみならず外国の事故物件をも対象としている。関連書籍に『大島てるが案内人 事故物件めぐりをしてきました』『事故物件サイト・大島てるの絶対に借りてはいけない物件』など。「事故物件ナイト」など、事故物件イベントを札幌・東京・名古屋・大阪で不定期開催中。事故物件サイトには英語版も存在。その活動は米紙『ウォール・ストリート・ジャーナル』でも紹介された。

大島てると「事故物件サイト」とは

まず私が運営している「事故物件サイト」について簡単に説明します。サイトを立ち上げたのは平成十七年です。

立ち上げる前は、家業だった不動産の仕事を引き継いでいました。不動産賃貸・管理業です。土地や建物を購入して大家になり、人に貸出して利益を得るというような仕事です。いい物件を安く購入することができれば利益は増えます。それで競売物件【註一】などもチェックしていました。ただし安く購入できても、人が住むのに問題のある「訳あり物件」【註二】だったら、借手が見つかりません。調査で事故物件に出会うこともしばしばありました。また瑕疵が告知されていない物件もあり、事故物件情報の専門家もいませんでした。

そこで自分たちで事故物件【註三】の情報を図書館にある新聞の縮刷版などで集め始めたのがスタートです。

ところが過去の新聞記事は膨大で自分たちだけでは調べきれないし、日々、事件・事故は起きているのに新聞には載らない事故物件も沢山あることに気が付きました。また過去のデータでは業務に役に立たないものもあります。それでインターネットで最新の情報を集めて公開し、業務にも役立つ事故物件のデータベースを作ろうと思って始めたのが平成十七年でした。

併せて、そもそも事故物件サイトを立ち上げたのはもう一つ理由がありました。不動産業界では法で定められている「告知義務」を果たさない業者が後を絶たないからでした。

宅建業法では借主や買主にとって心理的瑕疵【註四】となるようなことがその物件にある場合は、不動産業者は借主や売主に事前に告知する義務があります。

例えば、その部屋で過去に火災・事故、自殺、または殺人事件などで人が亡くなっている場合、業者は契約を締結する前にその事実を伝えなければならないのです。ところが、法のグレイな部分を悪用してその事実を隠したり、誤魔化したりする業者が存在しました。

そのような悪質な業者による被害を未然に防ぎたいとの思いもあり、事故物件情報を公開する事故物件サイトを立ち上げました【註五】。

サイトに掲載している事故物件は「殺人事件や火災なども含めて死亡事故、自殺、孤独死などで人が亡くなっており、住民が普通の生活を営むのに嫌悪してしまうような物件」です。駅、道路や公園などは人が生活する物件ではないので掲載していません。

また掲載されている事故物件情報ですが、平成十七年の立ち上げ時は運営側から情報提供していて、私やスタッフが、新聞やテレビなどのメジャーなメディアはもちろん、公開されていない情報を求めて、現地取材、裁判の傍聴など様々な手段で情報を入手、掲載していました。例えば火事現場に駆けつけたり、死者が出たマンションに行き、近隣住民などに部屋番号を取材したり、物件や現場の写真撮影なども実行しておりました。

しかしながら運営側だけでの情報提供・公開というサイトでは限界も当然ありました。例えば情報を入手するのが難しいのは自殺です。事件性がないと裁判などにはならないし、新聞記事にもなりにくい。自殺というのはそもそも周辺の限られた人しか情報を知ることができません。

そこで平成二十三年に一般の方からの投稿サイトに移行しました。投稿サイトに移行することにより、情報量が格段に増え内容にも変化がありました。新しい物件情報はもちろんですが、例えば「記載情報が間違っている、正しいのは○○だ」とメールがあればその新しい情報をチェックし、運営側が判断して修正したりできます。また「事実だけど、頼むから消してくれ」という陳情があれば事実を裏付けてくれます。また中には「うちも載せるなら○○も公開しろ」というような情報提供もあります。

投稿サイトに移行した結果、今まで集めることが難しかった自殺事故物件情報も集まるようになり、一つの事故物件にも複数の情報が寄せられ、情報の精度が上がりました。

さらに事故物件掲載地域も当初は東京だけだったのが、日本全国に広がり、現在は全世界が対象地域です。現状、日本だけで六万弱ぐらいの数の事故物件が公開されています。平成二十三年以降、データベースの利用価値は高くなったと思います。

このタイミングで、実は家業の不動産業からは撤退しました。理由はシンプルです。「自社の事故物件は掲載していないのでは」という疑念を払拭する必要がありました。

不動産業者側と買手側・借手側というまったく反対の立場があることを考えれば、公平に両方の立場に立つことはできません。利益相反の行為をしていることになりますから。運営のポリシーとしても、公平な第三者的な立場で、皆さんから届く情報を調査して公開している事故物件情報サイトでないと意味がありません。

また「サイトから削除してくれ。不動産価値が下がるから迷惑だ」というような依頼や要請、または弁護士から内容証明が届くこともありますが、公平な立場でサイトを運営しているので事実誤認以外は削除などに応じておりません。したがって運営するリスクもあります。これまでに小さなトラブルを除いても訴訟、ＳＮＳで私への殺害予告などもありました。

訴訟、削除依頼、殺害予告について少し具体的に説明いたします。

【註一】競売物件
　土地や建物を担保にして住宅ローンやそのほか借入れを起こしている不動産の持主が、ローンや借入れを契約通りに返済できなくなり、債権者による申立てで、裁判所を通してオークションにかけられている物件。たいていは一般の不動産取引より安い値段で購入できるが、事実上、内見もできないし、売主が非協力的で、引き渡すときのいろいろな義務もない。よって落札後、色々な欠陥が見つかっても落札者が自分で処理をしなければいけないなど、後々トラブルになるケースも多々ある。
【註二】訳あり物件
　詳しくは76ページを参照。「暴力団の事務所がある」「騒音が激しい」「雨漏りがする」「床が傾いている」など、人が普通に生活するのに問題がある物件。その中にはもちろん「人が死んだ物件」こと事故物件も含まれる。
【註三】事故物件
　殺人事件、火災なども含む死亡事故、および自殺や孤独死などで人が死んでいる物件。
【註四】心理的瑕疵
　76ページ参照
【註五】サイトを立ち上げました
　当時は自分たちで調べた事故物件の住所を並べただけのサイトだった。

訴訟のケース

あるマンションの地権者から「名誉棄損」で訴えられ民事裁判で争いました。

地権者からは「サイトに事故物件として掲載されたことは名誉棄損に値する。したがってサイトから情報を削除すること、効果のある謝罪広告を出すこと、一〇〇万円を支払うこと」を請求されました。私は弁護士をつけず自分自身で裁判を戦い、完全勝訴を勝ち取りました。

この裁判の勝訴は大きな意味があります。もし徹底抗戦しないで引いていたら、必ず他にも真似をして訴えてくる人が現れるのは必然だからです。

削除要請のケース

この原稿はｎｏｔｅでの私への批判的な独白に対して、私の反論も併せて書いたものです。著作権上の問題も鑑みて、ｎｏｔｅの文章を一部リライトしてあることをお断りしておきます。

令和元年八月二十七日火曜日、いずみが死にました。当日まで、普段と同じように話し、笑い、習い事【註六】のため出かける午後二時ころまで、一緒に過ごしました。いずみが「卒論を書く」と言うので、安心して出かけました。午後七時頃、帰宅し、室内に声をかけましたが、応答がなく、携帯していた家の鍵もなかったので、「図書館【註七】にでも行っているのかな」と思い、LINEをし、返信を待っていました。そのうち、夫と息子が帰宅したので、外食しに出かけましたが、やはり既読がつかないので、何度もメッセージを送信していました。時間がたっても、必ず返信をくれるいずみなので「きっとスマートフォンを家に忘れたのだろう」と思い、食事から帰ってからいずみの部屋に行くと、そこで毛布をかけて寝ているいずみがいました。「いずみは眠っているんだ」と思い込み、声をかけ続け、初めて様子がおかしいことに気がつきました。身体をさすり、心臓マッサージを救急隊が到着するまで続けましたが、無駄でした。

死ぬ当日まで、平静さを保ち、笑顔を見せ、家族に心配をかけないようにしたいずみの気持ちを思うと、胸が張り裂け、愚鈍《ぐどん》な自分が許せなくなり、大人になったいずみの手を離してしまった自分が、憎くて仕方がありません。命の大切さを教えてきたつもりで、いずみなのだから自殺【註八】なんかしないと呑気に過ごしていました。大学生【註九】なのだから、今までとは一歩違う位置でいずみを見守り、支えていけばいいと安易に思い込み、子育ても一段落したことに安堵し、「助けを求めていた、いずみの手を見過ごしてしまったのではないか」と懺悔《ざんげ》の渦の中から、這い出すことができません。

いずみは、何事に対しても一生懸命、真面目に取り組む子でした。就活も、「就職したければすればいい」「他にチャレンジしたい事があれば、それでもよい」「いずみの人生なのだから、いずみのしたいようにすればいい」「好きなようにすればいい」と夫婦で思い、その気持ちをいずみにも伝えていました。いずみは、就職活動のために、慣れない靴を履き、足を血だらけにしながら、説明会や会社訪問に出かけていました。欲はなく、中小企業を希望し、少しでも将来性がある「大島てる」のような会社を、と思っていたようです。

いずみの性格は受け身で、要領よく自分をａｐｐｅａｌできるｔｙｐｅではありません。就職難【註十】の世の中、受け身で生きてきた者には、厳しく辛い就職活動だったと思います。活動中は、元気がない時もありましたが愚痴も言わず、明るく振る舞っていました。このような時に、たくさん声をかけていればと悔やまれます。友達全員の就職が決まっていく中、今まで一切の挫折なく生きてきたいずみにとって、前年十月末まで一生懸命に就職活動をしたにもかかわらず、内定を頂けなかった敗北感からの屈辱感に、心が蝕《むしば》まれてしまったのではないかと今では思っています。自分の将来への絶望・悲観が、いずみの中で大きく育っていったのだと思います。

いずみの友人から聞いたのですが、いずみは友人に「私は、将来結婚もしないで、両親が亡くなったら孤独死で『大島てる』【註十二】行きだわ」と話していたそうです。希望も夢も描けない世の中に思えたのでしょうか。良かれと思い、いずみには「自分の人生は自分のもの。好きなように生きるのが一番」「親の人生ではない」と言葉掛けをしていました。幸せを願っての言葉でした。しかし、いずみは死を選んでしまいました。現在も、自殺の本当の原因はわかりません。これまで述べたのは推測にすぎません。原因がわかっても、いずみは戻ってきません。

【註六】フェンシングを習っていたと言われている。

【註七】東京・北区立赤羽北図書館か。

【註八】ガス自殺。「ガス」（英：gas）とは気体の意。気体を吸引して自殺すること全般が「ガス自殺」であって、文豪川端康成の如き例ばかりがガス自殺ではない。硫化水素自殺も練炭自殺もガス自殺の一種である。なお、本稿の主人公いずみはヘリウムガスを吸引した。

【註九】武蔵大学
【註十】ただし、いわゆる「就職氷河期」ではない。

【註十一】孤独死が発生した物件も事故物件である。


今から十二年前ぐらいから、事故物件公示サイト「大島てる」があることを知っていました【註十二】。このウェブサイトに掲載されるのは、賃貸・売却物件が対象だと思っていましたので、自宅のことが掲載されているとは夢にも思ってもいませんでした。

自宅のことが掲載されたことを知ったのは、いずみが死んでから二、三日経過したころのこと【註十三】でした。いずみが死に、心と身体が粉々に破壊されたような悲しみと苦しみと絶望の中にいる胸中、住所・マンション名・部屋番号・死因が、葬儀も終わっていないうちに、事故物件公示サイト「大島てる」に無断で記載されているのをググったら【註十四】わかり、全身から血が引いていくような感覚に襲われました。
人間には必ず死が訪れます。どんな死に方であっても、家族・生前親しかった人々が故人の訃報を知るなら故人も納得するでしょう。しかし無断で個人の情報【註十五】を勝手に晒されたら、遺族・故人共に、悲しみも苦しみも倍増すると思います。家族以外に知り得ない死因が、どこから、どのように流出したのか、今でもわかりません。やはり警察でしょうか【註十六】。

事故物件公示サイト「大島てる」に、いずみの自殺が記載されたとわかった時点から、外に出ることも人と話すことも怖くなり「誰かに見られているのではないか」「話しかけてくる人は、『大島てる』に記載されていることを知っていて、寄ってきているのではないか」などと、被害妄想も出てくるようになり、今まで生きてきた自分とは、違う人間になってしまったようでした。強迫観念や恐怖感に苛《さいな》まれ、震えや吐き気を、度々もよおすようになりました。心療内科にも一昨年の十一月頃から通院するようになり、昨年三月までは二週間に一回、昨年三月から昨年九月までは三週間に一回、昨年九月から今年三月までは一か月に一回、今年三月以降は一か月半に一回の頻度で通院しています。医師からは、「心的外傷後ｓｔｒｅｓｓ障害　不安障害」と診断されています。

家のポストと玄関に掲げていた表札は剥がし、名前を知られないようにし、個人でどうにか削除できないかと思い、震えながら事故物件公示サイト「大島てる」を見ると、実際に運営宛に削除依頼をされた方がいましたが、第三者からのコメントで「自殺したのは、お前の育て方が悪い、自業自得、保身」などと攻撃されていて、二度の苦しみに曝されていることがわかりました。削除依頼をして、同じような攻撃を心無い第三者から受けることを想像すると、とても平常心ではいられません。

このようなことになり、感じるのは恐怖以外の何物でもありません。「個人での削除依頼は、無理だ」「このままでは、いずみの後をフォローすることになる」と思い、警察に相談に行きましたが、「考え過ぎぃ。自殺が多い国なんだから、どんどん新しい情報が入るって。古くなれば消える【註十七】から、気にしないで!」「ウチも重大事件で忙しいんだから（笑）」と冷たく、軽くあしらわれてしまい、愕然としました。もう警察には何も期待していません【註十八】。ただ真面目に生きてきただけなのに、喪失感と、絶望感に打ちのめされています。

【註十二】古参ファンと言えよう。
【註十三】掲載自体は自殺当日になされている。
【註十四】「インターネットで検索したら」の意。
【註十五】ただし、個人情報保護法でいう「個人情報」ではない。
【註十六】当然のことながら、情報源は秘匿される。
【註十七】「古くなれば消える」ことはない。
【註十八】もとより警察の仕事ではない。

　最愛の者を失った悲しみ・喪失感を、事故物件公示サイト「大島てる」にいずみの自殺が晒されたことで、さらに追い討ちをかけられることとなりました。このサイトによって、いずみが一生懸命生きた二十二年間の証と、家族の思い出をすべて否定されてしまいました。今でも、「お前達は自殺者の家族だ。普通の生活をするな」と言われているような強迫観念の中にいます。家族が願うのは、只々静かに暮らしたい、それだけです。賃貸・売却物件に関し、宅地建物取引業法上の告知義務【註十九】というものがあることは知っています。しかし、現在もこのマンションに住んでおります。三七〇〇万円の債権【註二十】を担保するため抵当権が設定されています【註二十一】ので、売却予定がない【註二十二】ことはもちろんのこと、そもそも事故物件なので売却自体困難【註二十三】です。

売却せずに、この建物と、いずみとの思い出を大切に、生きていきたい、という当たり前の希望を持っています。しかし、事故物件公示サイト「大島てる」の存在によって、その希望も奪われようとしており、すぐにでもいずみの側にいきたいと、日々追い込まれています。一刻も早く、いずみの自殺の事実がinternet上に晒されていることへの恐怖と、マンションの住人の皆様にご迷惑をおかけしている罪悪感から解放されたい、というのが家族の切実な願いです。

だが、私は絶対に屈しない。なぜなら、私は大島てるだから。

【註十九】宅地建物取引業法第四十七条は次のとおり。

（業務に関する禁止事項）

第四十七条　宅地建物取引業者は、その業務に関して、宅地建物取引業者の相手方等に対し、次に掲げる行為をしてはならない。

一　宅地若しくは建物の売買、交換若しくは貸借の契約の締結について勧誘をするに際し、又はその契約の申込みの撤回若しくは解除若しくは宅地建物取引業に関する取引により生じた債権の行使を妨げるため、次のいずれかに該当する事項について、故意に事実を告げず、又は不実のことを告げる行為

イ（略）
ロ（略）
ハ（略）
ニ　イからハまでに掲げるもののほか、宅地若しくは建物の所在、規模、形質、現在若しくは将来の利用の制限、環境、交通等の利便、代金、借賃等の対価の額若しくは支払方法その他の取引条件又は当該宅地建物取引業者若しくは取引の関係者の資力若しくは信用に関する事項であって、宅地建物取引業者の相手方等の判断に重要な影響を及ぼすこととなるもの

二（略）
三（略）

【註二十】ただし、現時点での残債は約五十万円。

【註二十一】抵当権が設定されている（≒住宅ローンを返済中である）から売却しづらいというのは誤解である。

【註二十二】「売却予定がない」事故物件も公示対象とされているのは、主として以下の三つの理由による：
①そもそも「売却予定がない」ことに信憑性がない。
②仮に現時点で売却予定がなくとも、将来売却される可能性はある。
③事故物件の隣／向かいの物件に住みたくないという消費者の要望に応える必要がある。

【註二十三】実際には，事故物件であっても値下げさえすれば買手は現れるものである。

殺害予告のケース

平成二十九年、ツイッターで大島てる殺害予告が公開されました。内容は要約すると「親友の自殺現場が大島てるの事故物件サイトに掲載された」「大島てるを殺したい」「そこら辺のスーパーに売っている安もんの包丁買って、いまからその人を殺しに行きます」などあり、続いて「大島さんを殺した後、自殺する」「首を生きたまま切り落としたい」とも書き込んだため、ＳＮＳ上で騒ぎとなりました。

実はそのツイートは、自分でエゴサーチをして見つけました。私は身の危険を感じ恐怖に襲われて、すぐに警察に通報しました。警察にはホテルに泊まるよう勧められましたが、ホテル代は当然自腹です。

なかなか犯人が捕まらず、その間、私が出演するイベントが中止になったり、中止にはならなかったイベントでも、出演していたライブハウスや自宅に警官が出動するなど、日々の活動や日常生活にも影響が出ました。半年後にやっと「脅迫罪」で犯人が逮捕されたときには、心底ほっとしました。

大島てるが選んだ最恐事故物件ワースト3

まずは、どの駅からも離れた町にある三階建てのアパートです。アパートといっても一階は大家さんの仕事場と住居があり、二階と三階にはそれぞれ一部屋しかなく、そこを貸出していました。

時系列ではなく、屋上から説明を始めます。

そのアパートは屋上が平らで洗濯物干し場として使っていましたが、この屋上で住民が首つり自殺をしました。これでこのアパートは事故物件となりました。次は三階で入居者同士が酔って喧嘩、ビール瓶で相手を殴り殺してしまう傷害致死事件が起きました。二階を飛ばして一階に住む事故物件のオーナーになったお婆さんですが、なんと、何者かに刺殺されました。なかなか犯人が捕まりませんでしたが、二階に住んでいた住民が埼玉の山奥で自殺していたのが発見され、犯人と断定されました。

四年間に一階から屋上まで四人が亡くなっている「事故物件の聖地」とでも呼ぶべき物件です。現在は一階が物置として使われているようです。

次に、関西最恐の物件をご紹介しましょう。

観光客で賑わう人気のエリアから少し外れた町の木造三階建ての細長い、いわゆるペンシルハウスの一軒家。そこに住む男性が「自殺サイト」で知り合った二人と一緒に練炭による集団自殺をしました。その後、一軒家は事故物件として安い価格で売り出されます。事故物件と承知して購入、十年近く住み続けた男性がある日、シロアリ業者を呼んで床下を点検作業中に、ブルーシートに包まれた二体の遺体を発見したのです。警察の調べによれば、遺体は二体とも女性。三階で集団自殺がある前に埋められたようです。

考えられるのは、以前の住人の男性がなんらかの理由で二人の女性を殺害、床下に隠したが、逃げ切れないと思ったのか、良心の呵責か、そこははっきりしませんが、自殺サイトで知り合った仲間と一緒に自殺というシナリオです。

三人が集団自殺したことは購入者の男性はもちろんわかっていて購入したのですが、二体の遺体のことは気付かずに生活を続けていたんですね。因《ちな》みに今も住み続けているそうです。


続いて最恐な九州の事故物件を紹介しましょう。

北九州市にある三棟の事故物件マンションです。この三棟は、地図上でそれぞれの場所を線で結ぶときれいな三角形を描きます。

まず一つ目は高層マンションの一室で、住民とSNSで集まった三人の計四人が練炭による集団自殺をしました。次に二つ目のマンションですが、高齢女性の姿が見えないという同じマンションの住民からの通報で事件が発覚します。警察が駆けつけると部屋にはすでにミイラ化、白骨化した三人の遺体がありました。争った跡や外傷はありません。一人は餓死のようでした。調べたら高齢の女性は住民で、ほかの二人はその女性の知り合いのようでした。亡くなる前には読経や太鼓の音などが聞こえていたそうです。実は高齢の女性は八十年代に彼女の母親の死体遺棄の疑いで書類送検されていました。母親の遺体を葬儀にも出さず自宅に放置していたのです。この女性は「蘇生信仰」を持つ祈祷師の信者で母親を蘇生させようとしていたようです。

もちろん蘇生しませんでしたが、それから二十年以上経って、今度の事件です。読経や太鼓の音が漏れ聞こえていたという証言から考えられるシナリオは、この女性は死期を悟ったのか、今度は自分を蘇生させようとしていたのかもしれません。

最後の一つは「自殺が連鎖するマンション」です。十階建てのマンションの三階の一室三〇二号室で凄惨な焼身自殺が起きました。事故物件となり、この三〇二号室が競売に掛けられたところ、落札者は同じマンションの真上の部屋、四〇二号室の住民でした。

購入後、四階の床を壊し階段を取り付け、三階と繋げてしまいます。数年後、三階部分で住人が自殺。三〇二号室で続けて二人が自殺したことになります。

徒歩圏内にあるマンションで自殺が連続して起きたのです。しかも四〇二号室と三〇二号室は再び競売されて購入者が現れました。

瑕疵の説明

瑕疵物件について説明しましょう。

「瑕疵」とは小難しい法律用語ですが、易しく言えば、キズや欠陥のことです。つまり「訳あり物件」だとか「いわくつき物件」と呼ばれるものは「瑕疵物件」ということです（「物件」は本来、不動産だけを指す言葉ではないのですが、ここでは不動産に話を絞ります）。

その「瑕疵」とは、不動産の世界では、三～四種に分類されます。

物理的な構造上の瑕疵、法的な権利上の瑕疵、そして心理的あるいは精神的瑕疵です（以上に環境的瑕疵が加えられる場合もあります）。

「物理的瑕疵物件」の例としては、床が傾いている家や雨漏りがするアパートが挙げられます。大工の領域と言ってもよいでしょう。いわゆる欠陥住宅ということですが、欠陥イコール瑕疵なのだから、この用語法は考えてみれば不思議ですが。

「法的瑕疵物件」の例としては、建替えが法的に認められない土地が挙げられます。

残る「心理的瑕疵物件」ですが、「事故物件」を含む、心理的に嫌悪感を抱かれてしまう物件のことになります。ということは、事故物件以外にも心理的瑕疵物件があることになりますが、それにはどのようなものがあるのでしょうか？

例えば、窓を開けると眼前にお墓が見える家を思い浮かべてください。誰かがそこで殺されたりしたわけではないので、事故物件とは呼べませんね。しかし、忌避する人が多いのは言うまでもありません。つまりは、非事故物件の心理的瑕疵物件になります。売却の際には買い叩かれてしまうことも予想されますね。

余談ですが、例えば日照面での魅力を理由に、あなた自身はお墓の隣の物件に対して嫌悪感を抱かないかもしれませんが、嫌悪感を抱く他人が大多数いることを理解できないとしたら、あなたは不動産投資に向いていませんよ。

「瑕疵物件」（＝「いわくつき物件」＝「訳あり物件」）、「心理的瑕疵物件」、「事故物件」の包含関係については図を参照してください。

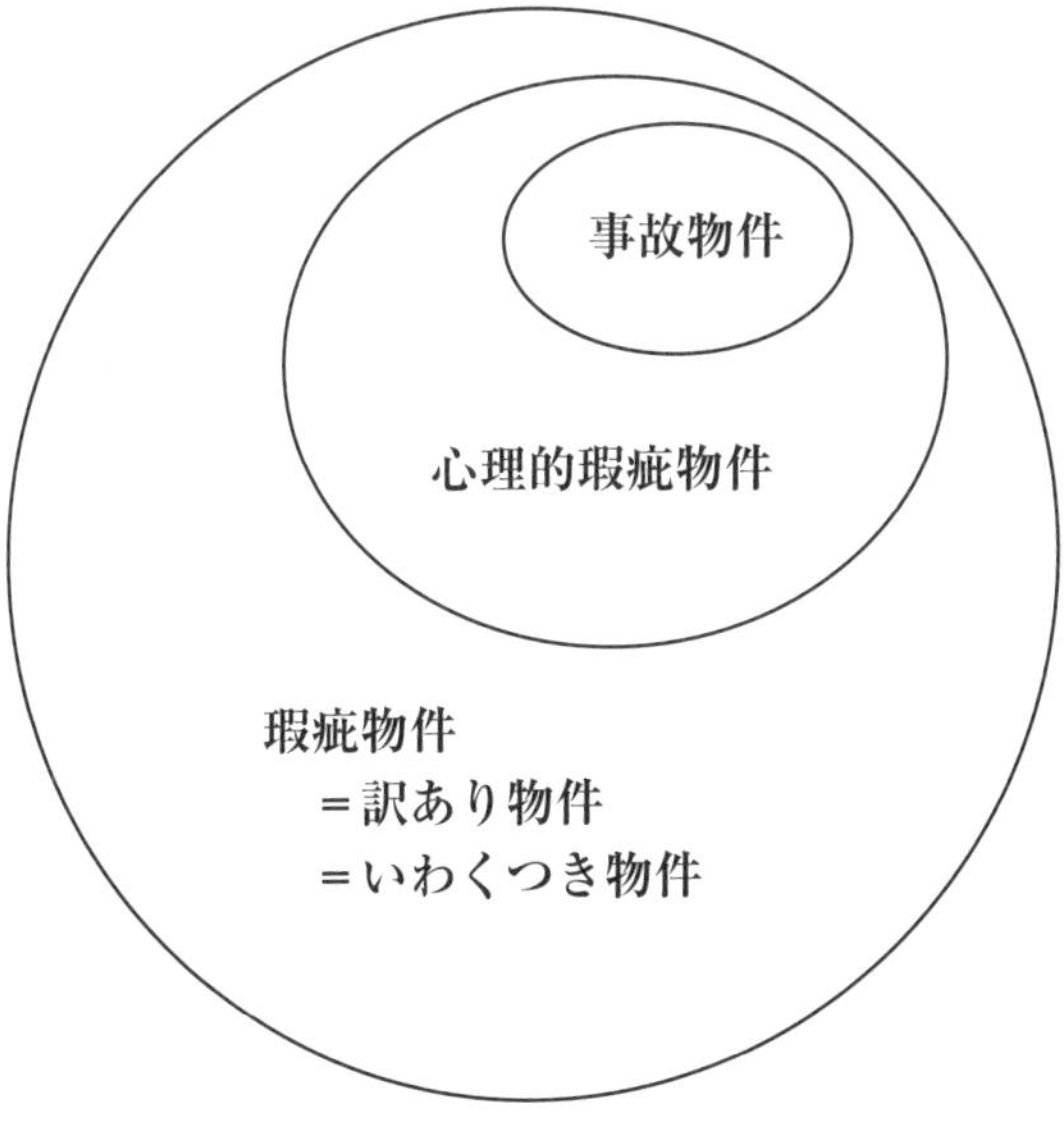

ひょっとすると…そうかもしれない

悪質な不動産業者やオーナーが、事故物件という告知義務を回避するために様々なテクニックを使っています。

杉並区のある一軒家で殺人事件が起きました。その後、建物は取り壊されてコインパーキングに変わりましたが、コインパーキングは土地活用としてはそこまで儲かる方法ではないので、しばらくすると新しく家が建ちました。

殺人事件があった家はすでに取り壊して数年たっているので「告知義務はない」と業者が判断してしまうケースです。

さらに最近目立つのは、そのような土地を分割して二軒、または三軒の家を建てて、少なくとも殺人事件があった現場の上に建っている一軒以外は「事故物件ではない」と告知義務を逃れるテクニックです。

別のテクニックです。札幌のとあるマンション、一〇一号室で火災による死亡事故がありました。簡単なリフォーム後、その部屋はレンタル収納スペースに変わっていました。

こういう形であれば貸す側に告知義務はありません。マンションなのに人が住んでいない、貸出されていない部屋は怪しいですね。


また、リフォームが不自然な部屋は事故物件の可能性があります。内装などがほかの部屋よりも豪華になっている場合、また、部屋全体ではなくても、ドアやクローゼット、バスルームなど部屋の一部分だけが真新しい、畳だけが新品というのも事故物件かもしれません。先ほどの札幌のとあるマンションとは別の市内のアパートで入居者が亡くなりました。するとオーナーはその部屋の窓やドアを外壁と同じ色で塗りつぶし、その部屋は﹅な﹅か﹅っ﹅た﹅こ﹅と﹅にしました。

また一〇一号室で死亡事件・事故があったとすると、隣の一〇二号室と繋げて、二部屋分を一〇二号室として一〇一号室自体をなくしてしまう場合や、部屋番号を一〇一から1-Aとかに変えてしまうこともあります。

さらに、すでに事故物件として知られてしまっているマンションやホテルの場合は、カムフラージュのために外壁の色を全部変えたり、名称まで変えてしまうことも珍しくありません。

最後に、誰もそこが事故物件だとは気付いていなかったケースをご紹介します。

関東のある団地に中国人の男が住んでいました。ある日、部屋を引き払って中国に帰国。その部屋には新しい住民が入居しました。実は中国へ男が帰国する寸前、日本ではある女性が行方不明になっていましたが、遺体で発見されました。数年後、なんと殺人犯としてその中国人が逮捕され、供述によればその団地の部屋で絞殺したそうです。新しい住人は事故物件と知らずに生活していたことになります。

また競売物件ではこんなこともありました。落札者が物件を訪れると、借金苦で家主が車庫内の車の中で自殺していたのを発見、事故物件となってしまいました。

残念ですが事前に知ることができない事故物件もあります。

実録・事故物件住みます芸人

北野　誠

北野誠（きたの・まこと）
松竹芸能所属。ガチンコホラードキュメント番組「北野誠のおまえら行くな。」「北野誠のおまえら行くな。ボクらは心霊探偵団」の団長。豊富な心霊体験や心霊スポット取材を余すところなく語る恐怖の水先案内人。主な番組はＣＢＣラジオの昼１時から４時までの「北野誠のズバリ」月曜日から金曜日。また土曜日朝９時からの「北野誠のズバリ！サタデー」。水曜日夜10時25分からのラジオNIKKEI「北野誠のとことん投資やりまっせ」などに出演中。

松原タニシといえば現在、事故物件芸人としてがんばっている松竹芸能の若手芸人だ。「おまえら行くな。」【註一】の番組に「松原タニシのパラノーマル日記」【註二】というコーナーがあった。

その企画が立ち上がるキッカケになったのは、大阪で開催された平成二十四年の「おまえら行くな。」のイベントにタニシくんが出たことからだ。

そのイベントで〈若手芸人が語る怪談〉コーナーをやり、盛り上がった話のひとつが、若手芸人が住んでいた、とあるワンルームマンションの話だった。

そこはマンションというけれど、部屋がずらりと並んでいる廊下には、青い線と黄色の線と緑の線が書かれている。「こちらに曲がったら」という表示があるのだけど、薄く消してある。

そして並んでいる各部屋の玄関扉には、外から内部を覗く小窓がある。しかしその窓には鉄格子が入っている——推測するに、たぶん精神病院だったんだろうと思う。

けれど、そのマンションは家賃が格安でしかも交通の便がいい。そんなわけで若手芸人がこのマンションに住むのだけれど、しばらくしたら養成所に来なくなるということが何人も続いた。

あまりに養成所に来なくなるから、先輩たちが「どないしたんやろか?」と部屋を見に行って、ドアを叩いても返事がない。鍵がかかっていなかったので勝手に開けて入ると、真っ暗の部屋にろうそくをいっぱい灯した中、流しの前でキャベツだか大根だかを呆然自失の状態で刻んでいるのを発見した。その子はその後、芸人を辞めて田舎に帰ってしまったらしい。

その話を聞いたところあまりに興味が湧いたので、タニシくんをそこに住まわせようということで、企画が動くことになった。しかし、件のマンションは結構空いていたのに、契約直前になぜか一方的に断られてしまった。

企画は動き出しているし他の物件を探せということになり、僕らがネットで調べて、女性が殺害されたというマンションを見つけた(ただし、当の事件があった部屋は開かずの間として貸してもらえず、違う階になってしまった。そこのところはザンネンですが——)。

とにかく大阪D町のワンルームの一室から、松原タニシが事故物件に住む企画コーナー「パラノーマル日記」生活が始まった。

大阪D町ワンルームでの怪異

「パラノーマル日記」生活を始めるにあたって、タニシくんにはハンディカメラで部屋の中を撮影してもらうことと、部屋に固定の赤外線カメラを設置して定点撮影をさせてもらうことになった。

タニシくん本人も、いろいろと工夫と努力を重ねて、霊現象を撮るべくがんばらねばならない――なぜなら、その撮影の出来高でギャラが払われるのだ。

強烈な心霊現象が撮れれば撮れるほどギャラがアップしていくとし、まずは半年間やろうということになった。

そこでの怪異の経緯を、順を追って記してみよう。

平成二十四年冬　初日夜。

家具もない、どちらかといえば殺伐としたワンルームの部屋で、タニシくんは生活を始めた。初日の夜、さっそく異変が起こる。

知り合いからの電話に出る直前のこと、タニシくんの目の前をオーブらしき光体が飛ぶのを定点カメラがとらえていた。

その後、電話で話をしていると相手が「そこに誰かいるのか？　声がする」と言い出した。

「声が聞こえるんですか？」

そうタニシくんが返答した瞬間、頭上から綿のようなものが落ちてきた。そして電話の音声がブツブツと途切れる——。

後日、その知り合いに訊くと、通話中、タニシくんの後ろであまりにも「ぎゃあぎゃあ」という声がするので、タニシくんがカラオケボックスにいるのだと思ったという。


滞在五日目。

前日の夜、心霊写真らしきものが撮れる。

それは、タニシくんが部屋で自撮りをしたら、窓に映り込んでいた彼自身の姿から、頭がなくなっていたのだ。

タニシくん自身はその時、頸の調子が悪く頭が痛い状態であったという。

窓辺に部屋の内側に向いて霊が立っていて、タニシくんがそれに重なった状態で写真を撮ったので頭部が消えてしまったのではないかという。


滞在七日目。

しばらく調子の悪かった電話の音は正常になるが、暗視カメラの映像には相変わらずオーブが映りまくる。

この日、タニシくんがアルバイトに行く前に部屋の中を撮った映像に、一反木綿のような白い謎の物体が映り込む。

その後、自転車に乗ってマンションを出て十秒後、十字路でスピードを出している車にぶつけられる。車はそのまま行ってしまい――いわゆる、ひき逃げに遭う。幸いにも擦り傷程度ですみ、タニシくんは「逆に霊が助けてくれたのかも」と思う。


平成二十五年一月某日。

急遽、心霊探偵団【註三】がそろって訪ねる。タニシくんの住む部屋だけでなく、このマンション自体がなんとも言えない異様な雰囲気がすると、私の「妖怪アンテナが久しぶりに立った」日となった。

実際のところ、このワンルームマンションは変わっている。住人が誰も利用していないという鏡張りの異様な駐輪場があったり、建物の上層には人が立ち入れない「開かずの階」がある。

陰惨な殺人事件があったマンションということもあるが、どうも違法建築がなされた建物のようでもある。それもあってか、実は不動産屋も入居をあまり勧めてこなかった。

何やら不穏なものが充ちているという意味では、このマンション自体がすでに禍々しいものへと変わってしまっているのかもしれない。

滞在四十七日目。

「おまえら行くな。」のアイドル人形たち、チャッキー、みゆき、ケイティーをタニシくんの部屋に連れてくる。

「人形と一緒に見る夢はどんなだろう」ということで、人形を並べて一緒に寝るというミッションを敢行、タニシくんは午前四時に就寝。

タニシくんは熟睡。結局ミッションは大失敗に終わる。

滞在四十八日目。

タニシくんが、同じマンションの住人と知り合いになり、夜、一緒にあちこちを探索することになった。

誰も利用しない鏡張りの駐輪場に行き、その後「開かずの階」への階段を上がろうとした時、同行の彼が「音がするので行きたくない」と言い始めた。

また「気分が悪い」とも言うので探索は中止することに。

その後、住人から、

「俺の住んでいる隣の部屋の人が、真夜中にやたら大声で叫んだりして大騒ぎするんだけど、注意した方がいいかな？」

と相談を受ける。その「隣の部屋」は実は殺人事件が起きた部屋で、不動産屋が誰も入居させない「空き部屋」であることをタニシくんは知っていた。

タニシくんがアルバイトに行く前に撮った画像に一反木綿のような不思議なものが映り込んだ。

アイドル人形たち。「おまえら行くな。」ではみんなよく頑張ってくれている。

そのことを彼に告げると、せっかく仲良くなった住人とは気まずい関係に――。

やがて、その住人はすぐに引っ越してしまった。

この頃、赤外線カメラはタニシくんが不在でも、部屋の様子を延々と撮り続けていたが、バチンバチンという家鳴りがよく入るようになっていた。

特に、タニシくん不在の時に頻繁に起こるようになる。彼が在宅の時にはそれほどでもないのに、バイトに出ている夜中によく起こるのだ。


滞在三か月あたり。

モニターで日々の映像をチェックするうちに、部屋にオーブが増えてきているように感じると、タニシくんが言い出す。


平成二十五年五月某日。

タニシくんが部屋にいても、部屋中をごく自然にオーブが飛ぶ状態になってきた。

その様子は随時、モニターで確認できるのだが、タニシくんはオーブと一緒にいても気にならないほど慣れてきたようだ。

そんな頃、心霊探偵団が二回目の訪問時のことだった。

タニシくんが部屋の中央に、ビニールテープで床に六芒星の魔方陣を描いている。

より怪異が起こるように、ということのようだが、この頃からバイト先でも「タニシさんおかしくない？」と言われはじめてきた。

まともな生活からかけ離れてきているのを、タニシくん自身もなんとなく自覚している。

「呼びかけたら、霊が反応してくれるようになった」

とタニシくんは言い、バイトに行く前に、

「オーブのみなさん、行ってくるからね」

と声をかけると、オーブが飛びまくり乱舞状態になる様子が撮影される。

具体的に女の姿を見たとか、悲鳴を聞いたことなどはない。しかし、後輩芸人が訪ねてきたときに、その後ろを男性がいるのを見て「あれ？」と思ったことがある。

このフロアの部屋の人かなと思って、部屋に入った後輩に「今、後ろに男の人がおらんかったか？」と聞いたら「誰もいないですよ」と一蹴された。

タニシくんには、ニット帽に作業着の男性だということまで見えていたという。

そんな話を聞きながらロウソクを灯し、心霊探偵団みんなで六芒星を囲んでいると「コッ、コッ」という音に最初に気がついたのはオーケイの岡山祐児【註四】くんだった。

「ハイヒールで歩くような音ですね」

音は天井付近から聞こえる。しかし普段、上の部屋の物音が聞こえてきたことはないという。

――こういったことがタニシくんの家では起こっていたのだ。

そして、この時点までの映像にものすごい数のオーブが映っていることも確認されている。

究極にすごかったのは、タニシくんが風呂に入って、誰もいない部屋を映す定点カメラがとらえたものだ。天井付近に霧状に小さなオーブが集まってきて、やがて画像の三分の一が真っ白になってしまうのだ。

本人は風呂に入っていて、部屋の異変には気がついていない。

風呂の湯気が部屋に流れこんできて映っているんじゃないの、とも思ったが、この時のカメラは二台あって一台が部屋の中を、もう一台は風呂場でタニシくんを映していた。風呂場のカメラには湯気は映っていないので、部屋にあるカメラに湯気が映るわけがない。

霧状に集まってきた小さなオーブは雲のようになり、部屋の中を渦巻いているのだが、タニシくんが風呂から出てきたら、あっという間になくなってしまう――。

その様子がすべて映っている。

タニシくんも、後でその映像を見て「いったいこの部屋には何がいるのか！」とさすがにびっくりしていた。

タニシくんいわく、この出来事が起こるより以前に風呂に入った時、洗面台の曇った鏡に突然、文字が浮かんだことがあるという。

タニシくんが風呂に入っている間に撮影された不思議な画像。こういうこともあり「オーブ使い」と言われるようになったのだ。

最初に「シ」と浮かんだ。

それを見たタニシくんは「最初にシで始まる言葉……もしや」これは「シヌ」か「シネ」と現れるんじゃないかとビビったら、その次に来た文字が「ヤ」、その次に現れた文字が「ン」、次に「プー」と――。

「シャンプー」

おまえそれ絶対ネタやろ！　と言ったら、本人は「いや、これは絶対ホンマです！」と言い切っていたが――。


このD町のワンルームでタニシくんは、平成二十四年冬からほぼ一年を過ごした。

タニシくんの「パラノーマル日記」生活の中で、徐々に不思議なことが起きているのだが、だんだんとタニシくんがそれに慣らされていっているのが興味深い。

初日に知り合いから電話がかかってきて話がかみ合わないことから始まり、オーブがどんどんと現われ（映像に収められ）るようになった。

タニシくんも自分で撮影した画像をモニターで確認して、オーブが映っているのを認識しだしてからは「オーブ使い」へと変貌していった。

それは、タニシくんがバイトに出かける際に「行ってくるよ！」と部屋に声をかけると、その声に合わせて何やらオーブが「わーっ」と動くさまが映像に撮られるようになったあたりからだ。

タニシくんが撮影で京都に行った時、仕事帰りの夜にひとりでふらりと訪れたスナック

で、ママさんに言われたのもこの頃。

「あんた、何を連れてきてるの？　自分で気がついていないの？」

はじめて行った店で、まったくの初対面の客にママがそう言う。

「えー。入っても大丈夫ですか？」

そう言うタニシくんに、ママは、

「いや、ええけどさ。ウチの店に置いていかんといてな。ちゃんと持って帰ってくれるなら

ええけど。えらいもん連れてるわ」

「何を僕は連れているんですか？」

「すごい怨みつらみのある女の人が後ろにおるよ」

そう言われても、自分ではどうしていいかわからない。とにかく店に入ってお酒は飲ませ

てもらったという。

帰り間際にも「置いていかんといてや」と念を押して言われたという。自分で憑けてるの

もわかってないから、持って帰れているのかもわからないとは思うのだが。

タニシくんには、京都でのその一件があるし、彼が住んでいたDマンションで殺された女性の霊かはわかりませんが、何かが憑いているのは間違いないと思う。京都のスナックのママが言う「若い女の人だけど、すごい不幸な顔をしている」ということだから、たぶん思いもよらぬ不幸、この場合は殺されてしまうという究極の不幸に遭遇した女性が、成仏できずに憑いているのかもしれない。

【註一】「おまえら行くな。」
平成二十四年DVDで発売開始。「リアル・ホラー・ドキュメント　北野誠のおまえら行くな。」の名称で翌年よりエンタメ～テレで放送されている番組。心霊スポットに霊能者を連れて行かない、撮影前後にお祓いをしないなどして、ガチンコで突撃・潜入レポートをする。

【註二】「松原タニシのパラノーマル日記」
「北野誠のおまえら行くな。ボクらは心霊探偵団GEAR　2nd」内で始まった企画。怪異があるという事故物件に芸人・松原タニシが住み、生活の様子をカメラに収める。DVDなどでオーブの衝撃映像などを見ることができる。タニシが「事故物件住みます芸人」となるきっかけとなる。

【註三】心霊探偵団
「おまえら行くな。」で団長・北野誠のもと究極の怪異を求めて、独自リサーチする団員達で構成。平成三十年より「北野誠のぼくらは心霊探偵団」の名称でスピンアウト番組にもなる。

【註四】岡山裕児
漫才コンビ・オーケイ。心霊探偵団リアクション担当および団長代行も。

新たな物件へ

もともとは半年で終わるはずだったのが、大阪D町のワンルームでほぼ一年を過ごしたタニシくんは、どうしても引っ越しをしたいということで、次の場所に移った。

もちろん事故物件である。

タニシくんが「引っ越しをしたい」と言ってきたときに「じゃあ、次の物件を持ってきたら考える」と言ったのだが、そうしたら僕の楽屋に自分で探してきた物件を何軒か持ってきた。

「にいさん。今度住むところなんですが、探してきました！　自殺、孤独死、殺人とあるんですが、どの事故物件がいいですか？」

「それは殺人やろ」

即答だった。予期せぬことに巻き込まれて命を失ったという霊がやはり恨みつらみ的にはきついのではないだろうか。

ということで、タニシくんが次に住むことになったのは、大阪K町にある団地の２ＤＫである。ここは、息子が母親を殺害したという事件があったところだ。

場所などの詳細は書けないが、正真正銘の殺人事件が起きた現場の物件となる。

僕は物件の契約書を見せてもらったが「当マンションはこの部屋において、殺人事件があったことを了解しますか」というような一文が載っていた。

事件後の部屋にすぐ住む人の契約書には、そのような文言がちゃんと載っているのだ。

ちなみにやはり、家賃は安く、相場の三分の一だ。


契約が決まり、タニシくんが引っ越しをするという前に、スタッフみんなでその部屋を見に行こうということになった。その際に、タニシくんにはあることを頼んでおいた。

「風呂場、ダイニング、キッチン、そして二つある部屋（六畳が二間ある）、トイレのそれぞれに、花を一輪ずつ活けておくこと」

それは、人が亡くなった部屋に花を活けたらすぐに萎れて水が濁る——そんな風に言われることもあるので、試してみることにしたのだ。

そして、タニシくんの新居へと行ってみた。さすがに、どの部屋の花も萎れてはいなかったが、そんな検証をしながら部屋の中を順番に見ていく。

部屋の畳はすべてリフォームされていて、見た目にはキレイで何事もない。

僕はみんなに聞いた。

「どこで被害者の方が亡くなったと思う？」

そうすると、奥の六畳間に入った途端に全員が口をそろえた。

「あ、この部屋だね」

実際にその部屋で亡くなったのかどうかは定かではない。しかし、奥の六畳間に入った途端、クラッとする。三半規管《さんはんきかん》がおかしくなったのかと思うくらい、足元がグラリと一瞬、おぼつかなくなるのだ。何かあったに違いないと思わせるほどの異質な感じを、この部屋に入った誰もが感じたのである。

どうもその部屋は、殺害された母親の部屋ではないかというような気がする。

この家にはタニシだけでなくもうひとり、若手芸人のCくんも一緒に住むことになっていた。部屋の割り当ては、タニシくんにはもちろん雰囲気の怪しい六畳間の方にいってもらうことにした。

タニシくん、今夜からその部屋で寝なさい。

怪異は起こる、タニシだもの

この家では、息子による母親殺害事件があったことは確かだ。

畳は新品に変えられてはいるのだが、風呂場は配管が剥き出しのうえ、鏡があったと思われる場所には、痕跡はあるものの新しい鏡が入れられないままになっている。

奥の六畳に妙な気配を感じる。

ここの風呂場もずいぶん変な感じがあった。入居前に各部屋に
バラの花を活けてみたが残念ながらそれらに変化はなかった。

なんだかバランスの悪い雰囲気やなあ、というのが僕の第一印象だ。

Ｋ町の団地に住みだしてしばらくは、何もなかったとタニシくんは言う。

だが、そこはいろいろと憑けているタニシくんだから、徐々に何かが迫ってくるように起こり始めた。


夏のある夜。自室の六畳間で寝ていたタニシくんは、暑さゆえに寝苦しくて、やがて敷き布団からはずれて畳の上に直接寝ていた。

その時に、微かに床下から「カリッカリッ」というような音がすることに気がついた。

気のせいかとも思うのだけれど、畳に耳をつけると聞こえる。

そうなると、やはり気になる。

「時々、カリッカリッと畳から音がするなあ」

隣の部屋にいる同居人のＣくんに話をし、ふたりで「畳を上げてみようか」ということになった。そして実際に畳を上げてみると――不自然なことがわかった。

隣のＣくんの部屋の畳の下は、湿気防止のシートなどがきれいに敷きつめられている。しかしタニシくんの部屋の畳を上げると……剥き出しの板の間のままで、畳の寸法を合わせるためなのか、畳の切れ端みたいなものが噛まされていた。

「なんやこれ……」

その目の先には、板の間の片隅にある黒い染み――。

「まさか、血痕やないやろな」

不穏な思いを抱きつつだったが、それ以上の異変は畳の下からは見つからなかった。


もうひとつ、タニシくんの部屋に関しては不思議なことがある。

撮影をしていると、ノイズがものすごく入るのだ。

他の部屋で撮影をしている映像にはノイズは入らない。タニシくんの部屋を撮影している時にだけ「ブーン」とか「ザザ、ザザ」とノイズが入る。

音響関係の人に聞くと、カメラで撮影している時にそういった高ノイズが入るというのは間違いなく電磁波の影響なのだそうだ。

タニシくんの部屋で高ノイズが鳴り続けているということは、部屋を電子レンジで「チン」し続けているような状態なんだとか。

これが、高圧電線の鉄塔のすぐ下とかならば、そういう可能性があるらしい。

でもそうだとしても「あの一部屋にだけ」ノイズが入るというのは変な話だ。高圧電線は団地の周辺にはないのだから。

昔から幽霊の出る場所では、電磁波が乱れると言われる。

石川県と富山県の県境にある牛首トンネルにロケに行った時も、同じようにノイズが入ったという、そんな経験を僕も幾度となくしている。タニシくんの部屋で今も続いているノイズの理由――それは心霊スポットで起こるのと同じような理由によるものかもしれない。

他にも、電化製品の故障もよく起こっている。

母親が刺された場所ではないかと思われる風呂場では、定点カメラが勝手に止まってしまう。別のカメラに何度換えてもだ。

そしてオーブももちろん、飛んでいるのが映りまくっている。

事件や事故があった部屋ではお祓いをして次に貸す、という話もよく聞くが、こうやって見てみると……K町のこの団地は、お祓いなんてしていないのだろう。

タニシ父来る

タニシくんが寝苦しさを訴えていた夏は、タニシくんの住んでいる家で殺されたという母親のいわゆる初盆だった。

それもあり、また、たまたまだがタニシくんの実父というのが現役のお坊さんなので、K町の団地に来てもらうことになったのだ。

タニシくんのお父さんは、以前はクリスチャンの牧師だったのが「寝ていて光が見えた」

ということで宗旨替えをしたという人物。

事故物件に住む息子のためとも思ってだろう、団地に訪ねてきて、お経を唱えてくれることになった。

「お経を唱えて霊を祓ってしまうと、企画上困る」というタニシくんの訴えに、「大丈夫だから。祓いません」と、うまい案配のお経があるという。

そうしてお父さんにお経を唱えていただいた。

不思議なことに、お父さんが来ている間、何度も止まってしまって撮影ができなかった風呂場に設置していたカメラが問題なく動いていた。

その後、お父さんが帰ると、また風呂場のカメラの調子が悪くなり撮影ができなくなったらしい。なかなか人を見ているというか、聞き分けのいい霊ということなのだろうか。


これは余談だが、タニシくんのお父さんが、お経をあげ終わり「じゃあ、帰るわ」となった時のこと。

お父さんの携帯に、お世話になっていた古い知り合いが亡くなったと連絡が入り、たままその方がK団地の近くに住んでいた。

タイミングがいいのか悪いのかわからないが、お坊さんの道具はすべて一式持ってきているということで、そのまま駆けつけた。

「何年も会っていなかったから、すぐに行けてよかったわ」と、お父さんは後日言っていたという。

お坊さんの道具をすべて用意して、こんなに迅速にきてくれてと、遺族の方たちはびっくりしたのでは。不思議なことも重なると、奇妙な感慨があるという話だ。

同居人にも迫る怪異

ある夜中のこと。タニシくんはトイレに入り、便座に座ってゆっくり用を足していた。

トイレの扉にはすりガラスが入っているのだが、そのガラスに黒い人影が映った。と思ったら、ドアノブがガチャガチャと回された。

(あ、Cくんがトイレに入ろうとしているんだ)

そう思ったタニシくんは「俺が今入ってるよ」と声を出した。

それでも、ドアノブはガチャガチャされる。

「もう、ちょっと待ってよ、出るから」

あわてて身支度をしたタニシくんがドアを開けると——そこには誰もいない。

「あれ?」

おかしいなと思いながらCくんの部屋を覗いてみると、当の本人は大いびきで熟睡している。

「ねえ、ちょっとー」

タニシくんは「トイレ出たよ！」とCくんを揺り起こした。

「なんですか？」

起こされたCくんは寝惚け眼で、ちょっと機嫌が悪い。

「おまえ、トイレに来て、ドアノブをガチャガチャやったじゃん」

「は？　ずっと寝てましたよ――」

なんだったんだろうと、タニシくんは頭をひねりながら自分の部屋に戻った。

別の日のこと。

Cくんがバイトから家に帰ってきたときには、入れ替わりでタニシくんは仕事で出て行ったところだった。

見ると、自分の部屋に入る襖の位置がおかしくなっている。普段開ける方に襖が寄せられ、反対側が開いている。

「ああ、これはタニシさんが僕の部屋から何かを取ろうと思ってやったんだ」

普段開けない襖の方には、服がつるしてあったり布団を畳んで寄せてあったりするのだ。

しばらくして帰ってきたタニシくんにCくんが訊いた。

「タニシさん、僕の部屋に入りましたか？」

タニシくんは「なんで？」と言わんばかりにこたえる。

「入っていない」

「ここの襖、開けましたか？」

いつもは開けない方の襖を指さした。

「こっちの襖？　開けていない」

「えー？　じゃあ誰が僕の部屋の襖を開けたの？」

そんなことがちょこちょことあるという。

事件再現での怪異

先日、監督がタニシくんに用事があって電話をしたら、反対に、その日、風呂場を撮っていたカメラが壊れたとタニシくんより告げられた。

よくよく聞くと、風呂場の洗面所の流し口に、女性のものと思われる髪の毛がごっそり詰まっていたのを見つけて取り出したという。

その様子をカメラで撮っていたのだが、髪の毛を割り箸で取り出して「あっ」とタニシくんが言ったその瞬間に、カメラが壊れた。

「でもそこまでは撮れているはずです」

後日、K町の団地にやってきた監督は、カメラとデータを受け取ってその場で確認した。

確かに、髪の毛を見つけて「あっ」と言った瞬間までしか映っていない。

そこからは信号が途切れていて、まったく読み込まないし、カメラ自体も壊れていた。

前々からそこの風呂場ではなぜかカメラの調子が悪かったのだが、今回は決定的だ。


「髪の毛を洗面所に置いて、撮りなおしますか」

そうのんびり言うタニシくんに、監督が怒った。

「そんな小細工はしたらダメなんだよ！」

とにかく現物の髪の毛を見せて、ということになった。

しかし、流し口から取り出した肝心の髪の毛を「失くしてしまった」とタニシくんが焦って言う。

ジップロックかなんかに入れてちゃんと仕舞っていたらしい。しかし、結局探しても出てこなかった。

しょうがない、そうしたら壊れたカメラも新しいものに交換したし、「なにかやれ」ということになった。

じゃあ、この部屋で起きたと思われる事件の再現ドラマをやってはどうかということになり、タニシくんが被害者のお母さん役、Cくんが犯人の息子役に扮して行うことになった。

ここで、タニシくんの部屋で起きたという事件のあらましを振り返る。


この部屋で母親が子供に殺害されたという殺人事件があったことは確かだが、実は詳細まではわかっていない。


未成年による家族間の事件のためか、詳細な記事は見つかっていないのだ。

最初に、タニシくんが近所で聞き込みをしたところでは、
・母親が子供に殺された→体力的な事を考えると子供というのは息子ではないか。
・事件の現場は浴室だという証言あり。
・死因は刺殺説あり。
・死体が発見されたのはタニシくんの寝起きしている部屋だという証言もあり→引っ越し前に訪れた探偵団メンバーが、タニシの部屋が一番雰囲気が悪いと断言。
これらの情報を鑑みて、

「浴室で襲われ、タニシくんの寝起きしている部屋で刺されて絶命した」

という流れに落ち着く。その後、
・男性名のエッチなダイレクトメールが郵便受けに届く→商品の内容と対象年齢層からやはり息子ではないかと思われる。

・タニシくんの寝起きしている部屋の畳の裏にあった血痕→刺殺にしては少ない気がする。
・浴室の鏡がなくなってしまっている鏡が設置されていた痕跡はある→風呂場で乱闘があって割れたのではないか。

これらの新証拠と後発の聞き込みから、改めて流れを組み立て直す。


エッチな商品がバレ、ニート息子が母親にキレて暴行→母親の部屋（タニシの部屋）で暴行して出血→風呂場に逃げ込む→そのまま風呂場で死亡（風呂場なら溺死ではないか？）その後、遺体を運び出す→最終的に母親の部屋（タニシの部屋）で死体発見。

ナイフは使っていない。もしくは、使用したとしても致命傷には至っていない。

という新説を元に、再現ビデオを作ることにした。

改めて言うが、子供による母親殺人という部分以外は、はっきりした証拠（記事）がないので聞き込みと残留物からの推測になる。


真っ暗にした部屋の中で、ふたりによる事件の再現ドラマがはじまった。

母親の部屋でCくん扮する息子がキレて、タニシくん扮する母親に暴行がはじまる。血痕らしき染みがあったあたりで母親は殴られて転がり、玄関先に逃げようとする。

そこで息子につかまれ、その手から逃れるために風呂場の方に追いこまれてゆく……。

実況中継を交えながらも、「やめて～」というタニシくんの声に「まてえっこらっ」とCくんの怒声が覆い被る。

あまりに生々しい再現の様子には、ちょっと息を呑む。

この模様はＤＶＤ「おまえら行くな。心霊ドラゴンロード北陸完結編」に収録されているのでぜひ見てほしい。


やがて、母親が風呂場に追い込まれて行くシーン。

「やめて～」「たすけて～」

風呂場への廊下を這いながら逃げるタニシくん。

それを犯人目線のカメラでCくんが追う。やがて風呂場で乱闘があり、水が張られた湯船の中に頭をつけられ母親は絶命する……。


撮影が終わったデータを、監督が確認していて気がついた。

「あれ？　なんだこの声は」

何度も聞き直すが、どうもおかしい。

それは、息子に殴られて「きゃあ～たすけて～」とタニシくん扮する母親が風呂場に駆け込む前あたりのこと。

ふたりのものでない、男性の話し声が入っている。

もちろん監督でもない。現場では三人しかいない。彼らとは全く別の男の声が、そのシーンで何かをしゃべっているのだ。

何を言っているのかはわからないのだが、確実に別人の声が入っている。

これはＤＶＤにノーカットで収録されているので、ヘッドフォン使用で確認してもらえるとかなりクリアに聞くことができる。


「あ、これが撮れているんだったらいいわ」

流し口から取り出した怪しい髪の毛を紛失したことに腹を立てていた監督だったが、この映像を確認して溜飲を下げた。

僕も何度も聞き直したが、何を言っているのかはわからない。

でも確実に男の声です。男の声なので、事件とは関係ないのかもしれない。

タニシくんの後ろにいるモノたちに感応した何かが、また出てきたのかもしれない。

いや、もしかしたら犯人である息子の生霊かもしれんな。

狂気の場面が再現されたことで、気配といった、そこに残っていた何かが発動したのかもしれない。

最恐‼事故物件怪談
怪異が起きる部屋、障りのある土地――
呪われた物件に関わってしまった人たちの生の声を集めた怪忌録。
新人から手練れまで、総勢二十二名による極上の物件怪談全二十六話!

上の部屋

川奈まり子

今からおよそ一三年前、二〇〇八年のことだ。

当時二五歳の会社員、琴音《ことね》さんは、目黒川《めぐろがわ》のほとりに建つマンションを借りた。八〇年代に建てられた五階建てビルの四階で、間取りは六帖半の洋間にキッチンがついた1Kだった。川に臨む窓があり、内見を担当した不動産屋のスタッフは、部屋にいながら川岸の桜並木を楽しめると説明した。

内見した日は三月二〇日で、前日から雨が降り続き、冬に戻ったかのように冷え込んでいたので、そう言われるまで桜のことなど思いつきもしなかった。

窓から外を眺めると、雨に霞《かす》む川面と桜並木が視界いっぱいに広がった。

目黒川は、都内有数の花見の名所だ。

桜の開花時にはたいへんな人出がある。

目黒区の大橋から品川区・亀《かめ》の甲《こう》橋までの川沿い約四キロメートルにわたってソメイヨシノが川に花影を落とし、場所によっては薄紅色の見事なアーチを架ける。しかも散策にちょうどいい遊歩道が川辺にあり、桜の時季になると、日没後、ぼんぼりが沿道にずらりと灯されるので、日中から夜更けまで花見を堪能できるのだ。

ところで、満開の桜ほど、卒業や門出のイメージとマッチするものはない。

実は琴音さんは、今回の引っ越しを利用して、腐れ縁になっているカズヤという男と縁を切ろうと考えていた。

――桜と共に、彼から卒業しよう。

そう閃くと、この部屋と出会ったのも運命だと感じて、即決で借りることにしたのだった。

ところが、問題のカズヤが、引っ越し当日に新居に押しかけてきてしまった。

しかも残念なことに、彼女は結局、追い返すことが出来なかった。

いがみ合いつつも、それなりに協力して片づけを終え、ベッドで抱き合ったのが深夜零時近く。

彼女は心身ともに疲れ切り、すぐに眠ってしまった。

どれほど寝たものか……夢の中で何か衝撃的な出来事に遭って飛び起きた。

ありがちなことだが、起きた途端に夢の内容は思い出せなくなった。

ただ、目が覚めても尚、心臓が早鐘を打ち、肩で息をしていたので、恐ろしい夢だったような気がした。

目が覚めると間もなく、喉の渇きを覚えた。

川沿いの街灯がカーテンを照らしていたので、電気を点けなくとも、壁掛け時計の文字盤が読めた。

午前二時。

カズヤは熟睡しているようだった。

足音を殺して台所の方へ行き、水道の水を細く出して静かにガラスのコップに注いだ。

水を止めて、コップを口もとに近づけたときだ。

「おい！」

いきなり背後から大声で呼ばれた。

驚いた拍子に、グラスの水が大きく揺れて、床にビシャッと落ちた。

咄嗟《とっさ》に振り返ると――

「えっ？」

後ろには誰もいなかった。

カズヤが起きてきて、後ろから忍び寄り、脅かそうとしたのではなかったのか？

てっきりそう思ったのだが、見れば彼はベッドで眠っている。

ぞわりと鳥肌が立った。

声などしなかったのだ、きっと寝ぼけていたのだと自分に言い聞かせながら、水をひと口だけ飲むと、八割方中身が残ったコップをシンクに下げてベッドに戻った。

そのとき、枕に頭をつけると同時に、遠くから足音が聞こえてきた。階段を誰かが駆けあがってきたようだ。足音を聞きながら、エレベーターの後ろに階段があったことを思い出した。あえて健康のために階段を使う人もいる。

下の方から足音が近づいてきて、やがて上へ遠ざかったかと思ったら――

ドン！

――と、天井が大きく鳴った。

何か重量のあるものが床に落ちたようだ。人がばったりと倒れたようでもある。

音は地響きがするほど激しかったが、たった一度で、後はシーンと静まり返っている。上の部屋の住人が帰ってきて、荷物を乱暴に置くか、転ぶか何かしたのだろう。そんなふうに彼女は想像して、ほどなく眠りの奥へと引き寄せられた。

翌朝、琴音さんは、カズヤに肩を揺すられて起こされた。

「流しでコップが割れてるけど、どうしたの？」

急いで台所に行くと、たしかに昨夜使ったコップがシンクの中で粉々になっていた。

「夜シンクに置いたときは、なんともなってなかったのに……」

「怪我は？　そこに血が落ちてるよ」

指差された方を見てみると、水をこぼしたのと同じ所に、赤黒い液体が滴《したた》り落ちていた。

水が血になるわけがないが、キッチンペーパーで拭きながら臭いをかいだところ、血液に特有の鉄臭さを感じた。

「何かしら？　本物の血みたい。でも怪我なんかしてないのよ？」

生理でもない。怯える彼女に、さも優し気にカズヤが提案した。

「こんなところに住まないで、僕のところに来たらいい。一緒に暮らそう」

その手に乗ってたまるか、と反発を覚えた途端、怖さが引っ込んだ。

「イヤよ！　引っ越してきたばかりなのに」

ガラスを片づけてから、連れ立って外に出た。

部屋に鍵を掛けて、エレベーターを待とうとすると、カズヤは「こっちの方が早いよ」と言って、さっさと階段を下りはじめた。

彼女はそのままエレベーターを待つことにして、軽快な足取りで階段を下りてゆく背中を見送った。

彼の姿はすぐに見えなくなり、足音が下へ遠のいていった。

やがてエレベーターが着いて、彼女は匣《はこ》に乗り込んだ。

ところが匣のドアが閉まる直前に、去っていったばかりの足音が引き返してきた。

階段を駆けあがってくる。

――あら？　何かしら？　戻ってきた。

急いでエレベーターの操作盤に付いている「開」ボタンを押した。

外に顔を出して大声で呼びかける。

「どうしたの？　忘れ物？」

なぜか返事がない。

「カズヤ？」

なんの応答もなく、足音だけが近づいてくる。

急に背筋が凍りついた。

焦って「閉」ボタンを押す。

階段から誰かが無言で駆けあがってくる。

その姿が見える寸前に、エレベーターのドアが閉じた。

この日の夜も、またその翌日も、彼女は、階段を駆けあがる足音を耳にした。

昼夜を問わず、四階からエレベーターに乗ろうとする度に、必ず足音が下からあがってくるのである。

毎回、この階を通りすぎて、五階へ駆け抜けていく。

さらに、最初の晩と同じように、毎日、深夜になると、足音が駆けあがってきて直後に天井がドンと鳴った。

この音も階段の足音も、上の部屋の住人が立てているのに相違なかった。

——どんな人なの？

足音の大きさから推して男性だと思われた。

カズヤは引っ越した日に急に来て泊まっていっただけで、以来、部屋を訪れることはなく、うんともすんとも言ってこない。

少しばかりホッとしていたが、こうなってみると、まるで男っ気がないというのも、不用心なことに思えてくる。

若い女の独り暮らしではあり、無言で階段を駆けあがる隣人の存在は気になった。

しかし日々は瞬く間に過ぎて、あっという間に引っ越しから一週間経った。

再び週末だ。この日、彼女は、友人たちをこの部屋に招いて花見をする計画を立てていた。

好運にも、桜はちょうど見頃を迎えた。

招待した友人は三人で、皆、渋谷方面からバスで最寄りのバス停にやってきた。迎えにいって、部屋に戻りがてらに桜並木を眺め、部屋の窓からまた花盛りの梢《こずえ》を堪能した。

さらに、日が暮れて川沿いのぼんぼりに明かりが灯ると、揃って表に繰り出した。

川べりのカフェバーで酒盛りするうち夜が更け、やがて友人たちはすっかり満足して、渋谷行きの最終バスで帰っていった。

バス停から自宅マンションまでは、徒歩五分の道のりだった。

すでに深夜だ。

人通りが途絶えないうちに帰ろうと思い、道を急いだ。

マンションの建物が見えてきて安堵した——そのとき、大柄な人物が間近に迫ってきたような圧を背中に感じた。

反射的に振り返る。

だが、背後には人混みがあるばかり。

——ひょっとしてカズヤかな?

人々の間にカズヤが隠れているのではないか。

それはそれでゾッとすることだった。後をつけていたのかもしれないではないか?

大急ぎでマンションに駆け込んだ。

ところが、このときに限ってエレベーターがなかなか来なかった。

後ろを気にしながら、焦って何度もボタンを押した。

しかし、階数ボタンが五階で止まったきり、下がってこない。

故障かもしれないと思ったが、夜遅かったので、マンションの管理人を呼びだすのは気が引けた。

かと言って階段は薄暗くて気味が悪かった。

だが、建物から一歩外に出れば、夜桜見物をする人が、まだちらほらいた。

――ほら、すぐそこをあんなに人が歩いてるんだもの、怖くない怖くない――と自分を励ましながら段に足を掛け、意を決して上《のぼ》りはじめた。

このマンションの階段は、各階の間の踊り場で一八〇度方向転換する造りになっている。

一階と二階に挟まれた踊り場で向きを換えたとき、後ろから誰かがあがってきたような気がした。

咄嗟に、先ほど人混みで背中に感じた気配に思い至った。

髪が一斉に逆立ち、気のせいであることを願いながら耳を澄ました。

すると自分の足音にわずかに遅れて、ゴトッ……と、重たげな音が下の方から響いてきた。

カズヤがよく履いている底の硬いブーツが立てる足音だと思った。

追いかけてきたのだ！

駆けだそうとしたそのとき、下から来る大柄な黒い人影が視界の隅に入った。

恐怖の針が振り切れてパニックに陥り、そこから四階まではどうやって上ったものやらわからない。

階段の途中で転びかけて脛《すね》を打ったり、両手も使って這いあがったりしたようだが、痛みを覚える余裕すらなく、死に物狂いで急ぎ、震える手で鍵を取り出して自分の部屋のドアを開けると――

「おい！」

――すぐ背後から、聞きなれた声が。

カズヤだ。

声も出さずに追いかけてきた彼は、かえって赤の他人よりも恐ろしかった。

玄関の中に体を滑り込ませると、急いでドアに鍵を掛けた。

呼吸を整えてから、恐る恐るドア越しに呼びかけた。

「カズヤ？」

返事がない。

魚眼レンズから外を確認したところ、姿がなかった。

あきらめて帰ったのだろう。

――二度とこんな真似をしないようにメールか電話で注意した方がいいかもしれない。

来るなと言っても、無駄だろうか？

だったら、ここを引き払うしかない。

一時的に実家に帰った方が安全かもしれない――

思い悩みながら憂鬱な気分でシャワーを浴びて、寝る支度を整えていたら、またいつもの足音が聞こえてきた。

　ほら。タッタッタッと、下から駆けてきて上の階へ上っていく――


　ここまで私に話すと、琴音さんは、突然、黙り込んでしまった。

　当時の恐怖がぶり返してしまったのかと思い、私は提案した。

「お辛いようでしたら中断して、続きはまたの機会にしましょうか？」

　しかし彼女は続けたがった。

「いいえ！　この後、誰にも信じてもらえなさそうな出来事が起きたんです！　だからこそ川奈先生に聞いてもらいたかったんですけど、時間を置いたら、あらためて打ち明けたいと思えるかどうか……自信がありません。ですから、今、一気に話してしまいたいと思います」


　彼女は、翌朝カズヤにパソコンからメールを送ろうとした。

　ところがメールアプリに登録してあったはずの彼のアドレスが見つからなかった。

　連絡帳から削除されているばかりでなく、過去の送受信の履歴もすべて消去されていた。

　もちろん消した覚えはない。

　さらに、携帯電話を確認したところ、こちらからもメールアドレスも電話番号も履歴も、全部消えていた。

まるで、カズヤという男が最初から存在しなかったかのように。

彼女の知る限りでは、彼はソーシャルネットワークサービスのアカウントを持っておらず、共通の知り合いもない。

従って誰かに言づてを頼むことも不可能だ。

そこまで考えたとき、ふと思い至った。

——彼は誰から新しい住所を聞いたの？

引っ越し先を教えていなかったのに、カズヤは訪ねてきた。

なぜか今まで不審を抱かなかったのだが、気づいてみれば如何にも怪しい。

彼女は、両親や花見に来た友人、職場の同僚など、思いつく限りの人たち全員に、男から問い合わせがなかったか訊いて回った。

しかし誰もが、そういうことはなかったと答えた。

その頃から、彼女は次第に「カズヤとは、どこの誰なのか？」という根本的な疑問にさいなまれるようになった。

不動産屋に足を運んだときから、自分の中ではカズヤという男と長年つきあい、別れたりくっついたりしてきたというストーリーが出来あがっていて、すっかり信じ込んでいた。

だが、いつどこで出逢ったのか、どんなふうに付き合ってきたのか、あらためて具体的に思い出そうとすると、どう頑張っても、記憶の抽斗《ひきだし》が開かないのだ。

一緒に撮った写真も発見できなかった。

当然、ツーショットをたくさん撮っていたような気がしていたにもかかわらず、だ。

――カズヤは実在しなかった。

そう思った方が合理的に説明がつくことを認めざるをえなかった。

とはいえ、容易に納得できるものでもなく、彼女はモヤモヤと悩みつづけた。

頭が変になりそうだったが、階段で追いかけられてから三日目に転機が訪れた。

その朝、マンションのゴミ捨て場でたまたま管理人に会った。

彼女は咄嗟に、上の部屋の住人について訊ねてみることを思いついた。あれからも階段を駆けあがる足音などが続いていたのだ。

「うちの部屋の真上に住んでいる方が、しょっちゅう階段を駆けあがっていったり、真夜中にドンッと大きな音を立てるのですが……」

すべて言い終える前に、管理人はみるみる顔を引き攣らせたかと思うと、こう応えた。

「お宅の上には、誰も住んでいませんよ?」

彼女は、その後すぐに部屋を引き払って実家に戻った。

それからは何事もなく、だんだんカズヤの顔が思い出せなくなってきて、今ではすっかり忘れてしまったとのことだ。

インタビューを終えてから、私は件の目黒川沿いのマンションを訪ねてみた。

琴音さんから聞いた住所に、まだそのマンションはあった。およそ築三七年になる五階建てのビルで、管理人が常駐しているようである。

ちなみに、事故物件公示サイト「大島てる」をあたってみたところ、一九八五年に男女の心中事件がここで起きていたことがわかった。

七輪で練炭を焚いて意図的に一酸化中毒に陥り、二人とも死に至ったのだという。

そしてなんと、その現場は、琴音さんが借りた部屋の真上——五階の一室なのだった。

ここで心中したカップルのうち男性の方の名前が「カズヤ」だったかどうか調べてみたいと私は琴音さんに言ったのだが、これについては厳に止められている。

「もしもその人がカズヤだった場合、私は幽霊と寝たことになりますよね」

そうつぶやいたときの、酷くおぞましそうな彼女の表情が忘れられない。

尚、私が訪れたときも、事件のあった部屋は空いていた。下の部屋の住人が階段を駆けあがる足音などに悩まされていないことを切に祈るばかりだ。

遺穢《いえ》

黒木あるじ

昨秋、私のもとに一通のメールが届いた。

送り主は四十代の男性、T氏。某出版社を介し「告白したい出来事があるんです」と連絡を寄こしたのである。その内容がきわめて特異であったため、私はその後もT氏と何度となくメールと電話で遣りとりを交わすこととなった。

これからご紹介するのは、そんな奇妙きわまりない〈告白〉の記録である。

本稿は、紙幅を鑑《かんが》みて複数のメールと電話での会話を再構成し、さらに改行や言いまわしなどに修正を施している。住居や素性など一部個人情報も伏せたが、大枠は彼の〈告白〉そのままである旨をあらかじめお伝えしておきたい。


突然のお便り、お許しください。

私は[redacted]に住むTと言います。どうしても聞いていただきたい話があり、勇気を出してメールをお送りしました。文章を書き慣れていないもので、分かりにくい部分が数多くあるかもしれません。その点をあらかじめお詫びしておきます。

聞いていただきたいのは、私自身の体験談です。もっとも、オバケを見たとか幽霊に遭ったとか、そのような話ではありません。それでもよろしければ、怪談の本に書くなり小説のアイデアにするなり、どう使っていただいても構いません（名前や住所は伏せてもらうと嬉しいですが）。そのあたりの判断はおまかせします。

さて——。

先般、知りあいが「最近、事故物件というのが流行っているよ」と教えてくれました。彼の説明では、変死や自殺などが起こった賃貸物件という意味のようです。

言い得て妙だと感心しました。

たしかに、先住者の最期を知らずその部屋を借りた人にとっては、不運な事故以外のなにものでもないでしょう。事実を知った瞬間は、さぞや怖かっただろうと思います。

けれども知りあいの話を聞いて、私はまったく別な種類の恐怖をおぼえました。

ある出来事を、思いだしてしまったからです。

はじめて意識したのは、二十歳のときでした。

当時、私は[redacted]区の[redacted]駅近くにあるアパートで、友人と共同生活を営んでいました。

安い家賃だけが取り柄、そよ風で建物が揺れるようなオンボロです。お世辞にも快適な空間ではありませんでしたが、そのころ私は同居中の友人とお笑い芸人をめざしており、むしろ「貧乏は芸の肥やしだ」と、我が身を誇らしく思っていたのです（台所の隅からタンポポが生えてきたときは、さすがに驚きましたが）。

けれども、半端な貧乏程度でスキルが上達するほどお笑いの世界は甘くありません。紆余曲折のすえにコンビは解散。それをきっかけに私は引っ越しを決断します。

相方の友人は「解散してても住んだらええやん」と言ってくれたのですが、断りました。一緒にそのまま暮らしていては、芸人の夢をあきらめきれないと思ったのです。

アパートを引き払い、私は後ろ髪を引かれないようにとアルバイトを掛け持ちしました。おかげでしばらくは激務に追われ、過去を思いだす暇もない毎日だったのですが——。

ようやく忙しさにも慣れはじめた、ある日。

デジカメを使おうとした私は、充電器を前のアパートへ忘れてきたことに気づきました。そこで、かつての住まいへ久々に足を向けたのです。道中では「あいつ元気かな、相方は見つかったかな」と、すこし複雑な心境であったのをおぼえています。

ところが——いざ着いてみると、部屋はもぬけの殻でした。

鍵は開きっぱなし。覗いた無人の室内も、きれいに片付いているのです。

ああ、自分が去ってまもなくあいつも引っ越したのだ——私はそう解釈しました。新しい相方のところへ転がりこんだか、あるいは彼もお笑い芸人の道をあきらめたのか、いずれにせよ自分と別の道を歩きはじめたのだろうと思ったのです。

とはいえ、わざわざここまで来たのですから、充電器を手に入れなくては帰れません。そこで私は、アパートの近くに住む大家さんのもとへ向かいました。彼女ならば友人の転居先を知っているかもしれないと考えたのです。もしも電車で向かえる範囲であれば、サプライズ訪問をするつもりでした。

しかし、久々に再会した私を見るなり、大家さんは顔を曇らせました。

例の友人が死んだというのです。

大家さんによると、滞納している家賃を取り立てに行ったところ、部屋のまんなかでうつ伏せのまま、友人は息絶えていたとの話でした。

「遠目にも全身真っ黒なのがわかったから、最初は焼け死んだと思ったのよ。実際は、すっかり腐っていたんだけどね。警察の人が遺体を持ちあげたら〈中身〉がダボダボ落ちちゃった、って言うんだもの。悪臭はなかなか消えないし、皮膚がフローリングにへばりついて取れないしで、こないだまで大変だったのよ」

そんなわけで、結局デジカメの充電器は返ってきませんでした。

友人との別れは、自分でも驚くほどすんなりと受け入れました。同居中も健康的とはいえない生活だったので、死んだこと自体には疑問を抱かなかったんです。加えて私もまだ若く、死の実感に乏しかったのでしょう。

あのとき〈それ〉に気づいていれば、その後の人生も違ったのかもしれませんが。


一年後、私は再び引っ越すことになります。

バイト三昧《ざんまい》で安アパートに暮らす日々を見かねた伯父が、自身の会社に私を採用してくれたのです。繊維強化プラスチック——通称ＦＲＰを加工する小規模の工場でした。両親は「安易に親戚を頼るんじゃない」と就職に反対でしたが、なんとしてでも現状を脱却したかった私は、伯父の工場へ勤めることにしたのです。

はじめての仕事は苦労の連続でした。それでも社長をはじめとする社員みんなが優しく、なにより工場裏手のアパートが寮になっており、家賃が会社負担なのには助けられました。おかげで半年も働くころにはそこそこお金も貯まりましたから。あのまま一、二年寮に住み続けていれば、中古車が買えるくらいの貯蓄にはなったでしょう。

ところが、人間というのは欲が出てくるものですね。そのうち私は二十時の門限や絶えず社員と顔を合わせる生活がわずらわしくなってきたのです。アパートの部屋がいかにも昭和な古さだったのも、ちょっとしたストレスになっていた記憶があります。

そこで私は、技能士試験に合格したのを機に寮を出て、再び独り暮らしをはじめました。新居は工場から徒歩十分の場所にあるメゾネット。以前住んだふたつの部屋よりすこし広いだけのワンルームでしたが、自分の稼ぎで部屋を借りられる感慨はひとしおでした。

よし、明日からバリバリと働こう。ゆくゆくはマイホームを建てられるように頑張ろう。引っ越し初日の夜、寝床でそんな決意をしてから一か月後――。

伯父の会社は倒産します。

下請け企業お決まりのパターンでした。大手の方針変更で受注がなくなり、投資していた機械や部材の代金が払えず、不渡り手形。まさしく「坂を転がるように」です。

債権者によって工場が閉鎖された翌日、伯父は寮の一室で伯母と心中しました。

硫化水素での自殺が話題になっていたせいか、伯父夫婦は〈流行〉の手段を選択したようでした。でも、しょせんはどこかで聞きかじっただけの情報ですから、調合も上手くできず、おまけに部屋も密閉していなかったのでしょう。結果、伯父は指が血まみれになるまで壁を掻きむしった姿で、伯母は毒ガスから逃げるように便器へ頭を突っこんだ形で見つかったそうです。そりゃ気が滅入りましたよ。退去していたとはいえ、自分の住んでいた空間でそんな出来事があったんですから。

ええ、そうです。ふたりが死んだの、私が住んでいた部屋なんですよ。

伯父夫婦の葬儀を終えての、帰り道でした。

「やっぱりこうなったじゃないか」

いきなり父が憎々しげに吐き捨てたのです。すると、母が私を指し「この子は大丈夫だと思ったのに」と、悲鳴に近い声をあげました。

「ねえ、いったいなんのこと」

そう訊ねる私をしばらく見てから、父は喪服のネクタイを緩め、口を開きました。

「お母さんの家系はな〈家を穢《けが》す血筋〉なんだよ」

父いわく、母の生家は[redacted]県の村で、オビヤを管理する役を担っていたそうです。オビヤというのは妊婦さんが出産前後を暮らすための小屋で、本家と別な火で煮炊きすることにより、穢れを避ける意味があったらしい――と、父は話してくれました。

しかし、ひとりの先祖がオビヤの禁忌《きんき》を破ってしまい、報いとして母の一族は穢れを被ったというのです。母は禁忌の詳細も、穢れがどのようなものだったかも知りませんでしたが、祖母からは〈禍《か》は家《か》に憑き、血は地《ち》に染む〉なる言葉を教わったそうです。

「でもお母さんは半信半疑だったようでな。あまり気にせず、高校を卒業したあとは普通に街で働き、私と出会って結婚。息子のお前を産んだ。しかし……」

そこまで言うと、父は口籠もりました。傍らでは、母が俯《うつむ》いています。

「しかし……家族三人になったのを契機に引っ越してまもなく、前の家で住人が死んだことがわかったんだ。それも一件じゃない、二件だ。まず、お母さんが結婚前に住んでいた下宿で、その家の息子が女学生と無理心中を図った。ふたつ仲良くならんだ紫色の首吊り死体を発見したのは女将さん、つまり息子の母親だった。以来、彼女は病院から帰ってきていない。その後、結婚して最初に借りたアパートでは六部屋のうち二部屋の住人が変死し、一人が割腹自殺していた。腹を斬ったのは配管工のおじさんで、カレー鍋をおたまで混ぜるように、工業用カッターで内臓を掻きまわしていたそうだ。部屋は壁から天井まで血まみれ、アパートはさすがに取り壊されたらしい。あまりの出来事に私が驚いていると、お母さんが〝私のせいかも〟と、すべてを告白してくれたんだ」

つまり母の家系は、立ち去った家に〈穢れ〉を遺していくというのです。

自分たちが暮らしているときにはなにも起こらないけれど、母たちが退去後に新しく住んだ人間は、〈穢れ〉に運も命も奪われてしまうというのです。

「……そんな話、信じられないんだけど」

絶句する息子の顔をちらりと見て、父が「私もだ」と頷きました。

「だから、何度も住み処を変えたんだ。単なる迷信、妄想だよと安心したかった」

そこでようやく、私は子供時代の記憶を思いだしました。

我が家は小学校のときに五回、中学校で三回、高校では二回ほど引っ越しているのです。これが転勤によるものであれば、誰も不思議に思わないでしょう。けれども父はおなじ職場に長年勤めており、居を移す理由などないのです。事実、転居先はいつも市内で、町内が変わらない場合すらありました。

当時はあまり深く考えていませんでしたが――つまり、あれは試していたのでしょう。だとしたら、結果はどうだったのか。去った家は、本当に〈穢れた〉のか。

と、母が顔をあげ、ちいさな声で「ごめんね」と呟きました。

それが答えでした。


その後、私は転職や結婚、離婚などを契機として五回ほど引っ越しています。

いや、この発言はちょっと言い訳じみていますね。そこまで合理的な理由で転居したわけではありません。ええ、私も父とおなじように試してみたかったんです。そんなの偶然だよ、思いこみだよと否定したかったんです。

結果――ですか。

それにしても便利な時代になりましたね。インターネットで検索すると、過去の事故物件がすぐに出てくるんですから。

はい、そういうことです。

私が暮らした部屋すべて、退去後に人が死んでいるんです。

およそ二十年あまりで、七つの事故物件が誕生しているんです。

お笑い芸人をあきらめて移り住んだアパートでは、独居老人がお風呂で〈スープ〉になっており、寮から引っ越したメゾネットでは練炭自殺で家族三人が死んでいました。ほかにも飛び降りが一件、殺人が一件、残る一件は死体遺棄でした。亡くなった母親のミイラ化した遺体を押し入れに隠し、年金を受け取っていたらしいです。

素人からすると偶然とは思えない数なのですが、怪談の世界ではこのような出来事というのは珍しくないのでしょうか。よくある出来事なのでしょうか。

そう、今回ご連絡したのは、その点について訊きたかったからなのです。

もしかして、世間で「事故物件」と呼ばれているなかには、私のような人間が拵《こしら》えた〈穢れの家〉も存在するのでしょうか。住人が死んで事故物件になる以前から、すでにその運命が決められていた——そんな部屋や住宅もあるのでしょうか。

だとしたら、その穢れを祓う方法はないのでしょうか。

私は自分にかけられた呪縛を解きたいのです。それを見つけなくては、これからも自分に、家族に、そしてなにより見知らぬ他人に累《るい》が及んでしまうのです。

もしもその手段が見つかったあかつきには、私にお知らせいただけませんか。それが判明すれば、気兼ねなく計画を実行できますから。


あ、そうか。言い忘れてましたね。

伯父の工場が潰れたのち、私はとある保険会社で契約社員として働いていたのですが、コロナ禍の影響でノルマが稼げず、契約を打ち切られてしまったんです。

でも、幸か不幸か独身で、それなりの貯蓄もありますからね。これ以上体力が落ちる前に夢をかなえようと、旅の準備を進めているんです。

はい、旅です。私——この夏から日本一周旅行に出かける予定なんです。

かくれんぼ

芳春

Nさんが小学校四年生の時、O君という転校生が来た。

朗《ほが》らかな彼はすぐにクラスに打ち解けた。

ある日、友達数人でO君の家に遊びに行くことになった。

O君の家は平屋建ての古い借家だった。玄関から長い廊下が続き、左右にそれぞれ二間続きの和室、突き当たりに台所と風呂場がある4K。

誰かが「かくれんぼしよう」と言い出した。

じゃんけんの結果、最初の鬼はNさんに決まった。


「もーいーかーい？」

「もーいーよー」


押入の中、縁側の窓のカーテンの裏、Nさんは次々と友達を見つけていく。

――あれ？

Nさんは違和感を覚えた。

残るは一人。一人のはずだが、何だかもう一人いるような妙な感覚――。困惑しつつ、Nさんは最後に残ったO君を探し始めた。

物音がしたので行ってみると、台所と廊下を隔てる引き戸が閉まるところだった。

「みーつけた！」

Nさんは勢いよく引き戸を開けた。

血塗《ちまみ》れの痩せた子供が立っていた。坊主頭で下着姿、皮膚のあちこちが抉れて、赤黒い血が噴き出している。

それが、薄っすら笑みを浮かべて呟いた。

「みつかったぁ」

「ぎゃあああ！」Nさんは絶叫した。

腰が抜けそうになりながらも、友達がいる和室まで逃げた。O君も出てきた。玄関の靴箱の横に隠れていたらしい。

Nさんは泣きながら不気味な子供のことを話した。

皆で台所を確かめたが、あの子供の姿はない。嘘だ霊だと暫く騒いでいたが、一人が目を見開いて口元に指を当てた。全員が黙った。

足音がする。板張の廊下を裸足《はだし》で歩いてくる音だ。

一斉に振り返る。誰もいない。

「うわあああ!」

一同はパニックになり、逃げるように帰ろうとした。

「嫌だよ怖《こえ》えよ、もうすぐ母ちゃん帰ってくるからそれまで一緒にいてよ」

怯えたO君が必死に縋《すが》る。

Nさん達は外に出てO君の母親を待った。

ほどなく帰宅した母親は、子供達の訴えを一笑に付した。

だがNさんの祖母は違った。家に帰ってきたNさんから話を聞くなり、頭から大量の塩を振りかけてきた。

何を聞いても、祖母は沈黙を貫いた。

それから間もなく、O君がおかしくなった。

別人のように塞ぎ込み、時々ひどい癇癪《てんかん》を起こして暴れる。

学校を休みがちになり、学年が変わる頃に再び転校していった。

Nさんは大分経ってから件《くだん》の貸家で昔、親子の無理心中があったことを知った。九歳の男の子が、心を病んだ母親に包丁で滅多《めった》刺《ざ》しにされたらしい。

「まだ賃貸で出てますよ、その平屋」

Nさんは顔を顰《しか》めて言った。

神奈川の県央にある物件だという。

正体不明

芳春

十数年前、奇妙なことがあった。

就職が決まって、一人暮らしをするための部屋を探していた。

全国に支店のある大手不動産会社から紹介されたのは、横浜に近い京急線沿線の駅から徒歩五分の築浅のマンションだった。

三階にある1Kで、バストイレ別。オートロック付き。新生活応援キャンペーンの対象物件とやらで、敷金、礼金共になし。家賃七万五千円。申し分ない物件だった。

しかし、内覧に行くと何だか居た堪れない。

トイレの便座には消毒済みのラベルが貼られ、キッチンもきれいだ。

新築の匂いすら微かにするような部屋なのに、誰かが既に住んでいて、勝手に入ってきてしまったような気分になり、すぐに出てきてしまった。契約を保留にしてもらい、その日は帰った。

後日、不動産会社を通さずに、再びそのマンションを見に行くことにした。勿論《もちろん》部屋に入ることはできないが、周りの様子の確認も兼ねての再訪だった。

マンションが見えた。エントランスの前まで行き、三階の部屋を見上げた。壁で仕切られたベランダが三つ並んでいる。真ん中が借りようとしている部屋だった。その部屋の掃き出し窓が開いて、人が出てきた。

私は三階を見上げたまま、動けなくなった。

ベランダに出てきたのは、間違いなく私だった。

着ている服も髪型も、左の目の下にある大きめの泣き黒子も同じ。他人の空似ではない、明らかにあれは私だ。

何これ……。

呆然と見上げていると、もう一人の自分と目が合った。

それは、私を見て笑った。満面の笑みだった。

それが、部屋の中に戻って行く。

ふと、降りてくるんじゃないかと思った。

俄《にわか》にぞっとして、私は走り出した。絶対に鉢合わせしたくない。

振り返らず必死に走って、駅に駆け込んだ。折よくやってきた電車に飛び乗る。膝が震え、上手く息ができない。吐きそうになりながら、不動産会社の担当へ契約はしないとメールを打った。

あっさりと了承の返事がきた。

暫くして、横浜が地元だという小さな不動産屋から別の部屋を紹介してもらった。その際、件のマンションのことを聞いてみた。

パソコンで場所を確認した初老の不動産屋は、ああ、と溜息をついた。理由はわからないが、昔から曰く付きの場所だという。

「あの辺小さいお地蔵さん沢山あったでしょ。そういう所なの」

後に、件のマンションで飛び降り自殺、両隣のビルで縊死《いし》があったことを知った。今は、あのベランダの得体の知れないものに、警告されたのだと思うことにしている。

ぐちゃぐちゃ

芳春

数年前に引っ越しをした。

新居は湘南《しょうなん》の江《え》ノ島《しま》に近いところで、数軒先に古い大きな家があった。

その家の庭には、立派な松と蘇轍《そてつ》の木が植えられていた。

そこの前を通る時、当時四歳の息子が私にしがみついて、「おばけがいるよ」と訴えた。

きっと松の木や蘇轍の葉の影をおばけだと思っているのだな。

私は幼い息子の想像が微笑《ほほえ》ましく、更に詳しく聞いてみることにした。

「どんなおばけ？」

「はながぐちゃぐちゃ、めがぐちゃぐちゃ」

「――え」

予想外の言葉に、ぞっとした。

「ぜんぶぐちゃぐちゃ」

息子はその家の前を通る度に、そう言って怯えた。

何となくその家が不気味に思えてきて、足早に通り過ぎるようになった。

暫くして、その家が燃えた。

消防車が数台で消火にあたり、半日かかって漸《ようや》く鎮火した。

家屋は全焼し、あの松の木も蘇轍も炎に包まれてしまった。


火事の翌日、庭に飛んできた黒い燃え滓《かす》や灰を掃除していると、向かいの美容室のKさんが話しかけてきた。

Kさんは長くこの場所で暮らす、地元の情報通だった。

「火元があの家だってわかって血の気が引いたわ。やっぱり曰く付きの家は何かあるもんね」

Kさんの言葉に、私はぎょっとする。

「あそこ前にも何かあったんですか?」

「おじいさんが一人で住んでて孤独死しちゃったの。あなた達が越してくる一年くらい前かな」

孤独死。

背筋に冷たいものが走った。

「梅雨時にひと月も放置されたもんだから、見つかった時は腐乱してひどい状態だったのよ。運び出す時、もう臭いがこの辺まで漂ってきてね……」

Kさんが顔を顰《しか》めた。

腐乱。

——ぜんぶぐちゃぐちゃ。

息子の言葉との奇妙な符合に、吐き気が込み上げてくる。

「その後すぐ、親戚だっていうおばあさんとその娘さんが二人で住み始めてね。消防団の人が言うには、この火事、娘さんが自分で火を付けたんだって。心中未遂かしら」

Kさんの話によると、住人の二人は火傷《やけど》を負ったが助かったらしい。そのことが救いだった。


火事の後、家があった場所は更地になった。

結局、二人は戻って来なかったようだ。

最近、件の場所に二軒の戸建てが建った。

不動産会社が立てた、売り出し中の幟《のぼり》が風にはためいている。

数組、内覧に来ているのを見かけた。近い内に売れるだろう。

「ねえ、まだおばけいる？」

「いるよ」

私の問いに、少し成長した息子は、その戸建てから目を逸らして小声で答えた。

「つぎはだめって言ってる。意味わかる？」

息子の呟きに、私は絶句した。

山の住宅

青葉入鹿

山を拓いて造成された住宅地にMさん一家が引っ越したのは、彼女が小学四年生になった頃だった。家は二階建てで造りもしっかりしていたが、前の所有者が遠方への転勤になったことで格安で購入できたらしい。両親と三人暮らしの彼女自身は、自分の部屋を持てたことと学区が変わらず転校せずに済んだことで、ただ単純に喜んでいたと記憶している。

引っ越しも無事に終わり、彼女には二階の洋間が与えられた。

家族は新しい生活を楽しんだが、一か月も経たずに、全員がこの家の違和感に気づき始めた。

そこは玄関を入ってつきあたりを左へ進み、その奥にあるトイレの右手、つまり家の北西の位置にある六畳の和室である。

その和室だけが異様に暗かったのだという。

「他の部屋は大丈夫なんですけど、その和室だけ。北側だったにしても湿気というか、とにかく空気が重くて暗い。両親も嫌がっていたから、いつの間にか物置みたいになりました」

しかし、和室に置いた物は、たちまち黴《かび》が発生し、どこから入ったのかムカデやトカゲなどの死骸まで見つかりはじめた。

不安がる家族を見かね、父親がリフォームを計画した。家が格安だったことからリフォームの覚悟はしていたらしい。

リフォームはすぐに始まった。

ある日、Mさんが学校から帰宅すると畳は全て外に運び出され、床板を外している最中だった。Mさんが興味深く見学するなか、全ての床板は簡単に撤去され地面が現れた。防湿のためか地面には砂利が和室全域に敷かれていた。どうやら地面の湿気のせいではなさそうだと、母と大工さんが話しているなか、Mさんは和室のほぼ中心に何か埋まっているものを見つけ声を上げた。

「出てきたのは神棚におく白い花瓶やら仏壇にあるおりんの台座とか。一言でいうなら罰当たりなゴミ捨て場っていう感じで……。それと、ご神体とか位牌はなかったんですが歯が散らばっていました。人間の歯。それも大量に」

母親は今までに見たことがないほど狼狽し、父親も仕事を早退し駆け付けた。その日のうちに、神主さんが来てくれてお祓いをし、埋まっていた物も全て引き取ってもらった。

果たして和室の空気は一新され、その後は客間として使われたのだという。

「土地柄とかですかね？　私、覚えているんです。神主さんが和室の地面を見て、開口一番に、〈ここだったたかぁ〉って漏らしたの……」

後年、当時の事を両親に聞いた時、どちらも神主さんを呼んだ覚えのないことが判明した。

それだけが……今も、不明である。

それでも、なにごともなく

青葉入鹿

リフォーム会社を経営しているNさんは、馴染みの不動産屋から、売却が決まったからと、空き家のリフォームを頼まれた。

Nさんはその日、職人二人を連れだって空き家の下見に訪れた。既に不動産屋からは二階に問題があると言い含められていた。それが、事故だろうが孤独死だろうが、大切な取引先からのたっての願いを断る考えはNさんにはなかった。

問題の空き家に着き、玄関を開ける。人が住まなくなって久しい木造の屋内は埃《ほこり》に覆われ、湿気た空気に満たされていた。三人は空気を入れ替えるために雨戸を開けた。日の光が部屋に射すと部屋中に輝く埃が舞う。外側と一階部分を確認しても構造の問題は見当たらず、これならリフォームは簡単だ、と一先ず安堵し、三人は問題の二階に向かった。

階段を上りきると、Nさんは違和感を覚えた。原因はすぐはっきりとした。部屋が無いのだ。本来、階段を上がって左右に部屋があるはずだ。左側には六畳の和室があり、入口の襖《ふすま》は、穴が開いて中の和室が覗いている。しかし右側は天井から敷居まで、素人の手によるものなのか塞がれており、完全に壁になっている。外側から間取りを推定すれば左側と同様六畳間と押入れのある部屋が存在するはずだ。

あかずの間が不動産屋の言う問題だと理解したNさん達は、中を確認するために、その場で壁の解体を始めた。壁の造りは簡易なもので、難なく壊すことができた。

部屋の様子が廊下からの日の光で照らされる。中の様子を見た三人は言葉を失った。

予想に違わず、壁の向こうは六畳間に押入れと左側と同じであったが、三人が言葉を失った原因は部屋の中央にあった。

そこには円いちゃぶ台が一つ置かれ、三枚の座布団に囲まれている。部屋にはそれ以外に何もない。そして、その卓上には茶碗と汁椀と箸が三人分並び、中央には大皿が置かれていた。ただ椀や皿の中身は真っ黒なものに変容し元の姿は想像できない。

それは家族団欒《だんらん》をそのまま切り取り、置きっ放しにしているような光景だった。

職人はちゃぶ台を凝視して身動きしない。職人の若い方は、ちゃぶ台に向かって手をすり合わせている。Nさんは、先んじて気持ちを奮いたたせてその場を仕切り、ちゃぶ台を即日処分し翌日からリフォームを開始した。

リフォーム後、現在に至るまで、Nさんは障《さわ》りなく過ごしている。職人ふたりも変わりない。空き家は、あかずの間があった形跡の一切を失くし、新たな住民を迎えている。

もう遅い

天堂朱雀

ちゃんとやっておけばよかった、と後悔することは人生の中でいくつかある。

勉強、遊び、仕事――、細かく挙げればキリが無いが、石原さんが今でも悔いているのは〝地鎮祭〟への取り組みだという。

当時、石原さんは営業職で寝る間も惜しんで働いていた。絶えず業務に追われ、家でも手からスマホを離したことが無く、おかげで成績はトップクラス。三十半ばで立派な一軒家を建てることにもなったが、代わりにプライベートな時間は犠牲にした。

身重の妻はそんな石原さんに呆れてはいたが、稼いで来てくれる手前そこまで強くも言えない。だが、家を建てるための「地鎮祭にだけは出てほしい」と懇願した。

石原さんは嫌々ながらも了承した。

こんな形だけのものに参加する時間が惜しい――。

地鎮祭当日でも、石原さんはそう感じていた。

鍬《くわ》入れの儀で〝エイエイエイ〟と砂を崩すなど、前に出て求められる作業はしたが、その他の部分では一番後ろに陣取り、イライラする気持ちをガムを噛むことで抑え、妻の影に隠れてスマホを操作する始末であった。

しばらくして地鎮祭が終わると、挨拶も程ほどに噛んでいたガムをそこらに吐き出し、石原さんは早々にその場を離れ、仕事に出向いた。


数か月後、建築現場で事故が起こったという知らせが石原さんの耳に入った。

足場から滑って落ちた作業員が打ち所が悪く亡くなったそうだが、石原さんが「それで工期が遅れるのか?」と問うと、「そこは大丈夫」という返事であったため、「それならいい」と素っ気無く電話を切った。

そうしてせっかく出来上がった家を、妻は「事故物件だ」と嘆き、気に入らなかった。

終いには「あなたの部屋に黒い人影が出る」と言い始め、子供が産まれるとすぐに連れて家を出て行ってしまった。

仕事もあり、ようやく手に入れたマイホームを手放すわけにもいかず、石原さんは今もそこに住み続けているが、部屋にはまだ黒い人影もいるという。

どうして自分の部屋に——と最初は怒りに満ちていた石原さんであったが、そこは自分が地鎮祭でガムを吐いた場所だと後々になって気づいた。作業員が足場から落ちたのも同じ場所であったことも、施工関係者から聞き出した。

今さら建物を解体して土地を掘り起こし、吐き捨てたガムを拾い上げてやり直すことは出来ない。

一人になった広い家で、石原さんは今も「出来るならやり直したい」と思い続けている。

団地間六畳

雨森れに

加藤さんは家業である畳屋を、不景気ながらも切り盛りしている。

寺や古い屋敷から注文を受けているのだが、一番多いのは不動産屋からの依頼だ。

ただ、最近の不動産屋からの注文ときたら『安く』『早く』ばかりで、職人気質《かたぎ》の彼にとってはあまり嬉しいものではなかった。しかし生活のためと、せっせと働いたそうだ。

そんな少しばかりの鬱憤を溜めていた、ある日の話――。


普段より注文が増える、年度末。

不動産屋の中でも取り引きの多い会社の営業、林さんがたずねてきた。

「加藤さん。今度、団地間六畳お願いしたいんですけどね。芯材の発泡スチロール厚めの、畳床防水仕様ってできますか？」

「出来ないことはないけど、特注になるから値は上がるぞ」

資料を見せ、普段よりは高くなると伝えた。

「ははぁ……でも、足音とか水漏れがあったら気になると思うんで……お願いします」

一般的な江戸間等ではなく、団地間の注文だ。古い建物なのかもしれない。

改めて注文書を送るよう伝え、林さんを見送った。


繁忙期での特注は正直大変だったが、納期より早く仕上げた。

林さんに電話をすると、すぐに取りに来るという。

「こんなに早く用意して頂いてありがとうございます。助かります。今、リフォーム業者に問い合わせているんですが、この時期はなかなか捕まらなくて……」

「なんだ、そんなことになってるのか。じゃあ俺がやってやるよ」

「え！　繁忙期に悪いですよ」

「いいさいいさ。どうせ今日の分はもうおしまいだ」

「でも……業者に任せたほうが……」

どうにも歯切れの悪い返事で埒が明かない。

これは遠慮しているに違いない、と半ば強引に説得し物件へと向かわせた。


そこは三階建てのアパート。物件は最上階の角部屋。

床板を見ると水染みだらけの状態だった。

水漏れのしやすい部屋なのだろう。防水仕様も納得できた。

畳を入れていると、どこからか足音が聞こえた。

まるで近くにいるかのように響く。千鳥足《ちどりあし》の様な乱れた音だ。隣から聞こえてくるのかな、と思った。


作業を終え、車に戻る途中で林さんが難しい表情をしていることに気付く。顔色も悪い。

「大丈夫かい。具合でも悪いのか」

「いえ……足音、聞こえたなって……」

「見るからに古かったもんな。しょうがないさ」

「……あの部屋、七年ほど前に深酒が原因で浴室で亡くなられた方がいたんです。それから足音と水漏れのクレームが入るんです。加藤さん、気付きましたか？　隣、今は誰も住んでいないんですよ……」

この一件以降、未だに数年に一度は『団地間六畳の特注』が入るという。

留年部屋

高倉　樹

三好さんが住んでいた学生寮には、留年する部屋、というのがあった。

「その部屋に住むと留年する」。大学生にはとても分かりやすく馴染みやすいジンクスだった。

古くて勝手の悪い学生寮はあまり人気がなく、いつも余裕があったので、南向きでも特別広いわけでもない「留年部屋」は、三好さんの知るかぎりずっと空室のままだった。

だから三好さんは、卒業が間近に迫るまで、伝説を確かめる機会に恵まれなかった。

ならば自分で、と思ったのは、寮を退居する日が目前に迫っていたからだ。そういえばこんな伝説があった、と友人が言い出して、三好さんは話に乗った。

卒業が決まっている自分たちには災いの起こりようがない。もし部屋で何かが起こったなら、それはそれでいい思い出になる。

寮の管理人を説き伏せ、布団を持ち込んで、三好さんと友人は最後の一週間を「留年部屋」で暮らしはじめた。

三好さんがささやかな気づきを得たのは、数日が過ぎたときだった。

この部屋ではカリカリと小さな音がする。

大勢の学生が暮らす寮のことだ。お世辞にも静かとは言えないから、三好さんも物音には慣れているはずだった。

ところが、この部屋で「音がするな」と気づいてしまうと、どうしても無視できない。夜、布団から起き出し、壁や床に耳を当てて、どこから聞こえるのか、何の音なのか、つい探さずにはいられない。そのうち寝不足が嵩んできて、日中にうとうとすることが増えた。

けれど、寝不足を部屋のせい、音のせいだと訴えることは、三好さんにはできなかった。並んで寝ている友人にはまったく聞こえない様子で、音が聞こえるなどと言っても冗談としか思わないだろう。

留年、という伝説に比べれば、ただの「物音」はいかにも取って付けたふうで、三好さん自身も懐疑的だった。音なんて気のせいだ、自分はきっと、卒業を前に気が高ぶっているのだ、と。

卒業式からの帰り道、居眠り運転で事故を起こさなければ、三好さんは最後まで「気のせい」で通しただろう。

大きな怪我をしなかったのは運が良かったと、警察でも病院でも重ねて言われるような事故だった。

ふっ、と意識が途切れる一瞬前、三好さんには手が見えたという。後部座席の暗がりから延びた手が、ペンを握って何かを綴《つづ》っている。硬いペン先が、そこにはない机を掻いて、カリカリと耳障《みみざわ》りな音をたてている。

ああこの音だ、と気づいたときには、目の前にガードレールが迫っていたのだそうだ。

聖域

影絵草子

細田さんの家から徒歩で三十分くらい離れた場所に、「野田さん」という八十歳になる老人が住む家がある。

噂では、同じ場所に過去に建っていた家で人死にがあったらしく、曰くある場所と言われていた。尚且《なおか》つ現在は「ゴミ屋敷」で、近隣住民は迷惑を被《こうむ》っていた。

とにかく臭いがひどいのだ。

そんな野田さんには娘さんがいるらしく、野田さんの家からエプロン姿で、買い物に行くのを何人かが見かけていたという。

細田さんは二十代の女性なのだが、野田さん本人と名前で呼び合うほどの仲だったらしい。

時折、家に遊びに行っては、一緒にゲームをしたりしたのだ。

今にして思えば、なんであんな小汚ない老人と遊んでいたのか理解に苦しむという。

細田さんが野田さんの家に行っても、なぜか娘に会ったことはなかった。

野田さんもあまり娘の話をしたがらない。

だから、細田さんも訊いたことがなかったという。

「ただね、不思議だったのはあの家、全体的に汚いのに一部屋だけすごい綺麗な部屋があったんだ」

二階に上がってすぐの部屋。その部屋だけは綺麗だった。

「娘の部屋」らしく、時折、女性の声が聞こえていた。

野田さんは、声が聞こえると怯えたように震えながら、「堪忍してくれい」と咽《むせ》び泣いた。

細田さんが娘の部屋のドアを開けてみると、中にはエプロンを身に着けた人形が一体、椅子に座らせられていた。

初めて会う娘は人形だったわけだが、その横には大量のぐずぐずに腐った野菜が供え物のように置かれていた。

「母が言うには、野田さんに娘なんかいないと……」

時折見かけるという買い物をする娘も、その人形を見た後から噂をぱったり聞かなくなった。

四年以内のジンクス

雪鳴月彦

私の伯父は、市営団地で暮らしていた。

年齢は七十を過ぎており、独身で一人暮らしをしていたのだが、去年の夏に居間の椅子に座ったまま亡くなっているのを、様子を見に訪れた福祉の方が発見し、私たち親族の元へ連絡をしてくれた。

葬儀は滞りなく執り行われ、後日、伯父の暮らしていた部屋の整理をしている際に、同じ団地に住んでいる伯父と日頃から仲良くしていたというTさんから、こんな話を聞かされた。

「おじさんも、やっぱり四年もたなかったんだねぇ」

突然何を言いだしたのかわからず、「何のことですか？」と訊き返した私に、Tさんは
「いや、おじさんが住んでたこの部屋ね、僕の知る限りだけど、住む人がみんな四年以内に亡くなってるんだよ。おじさんの前に住んでた人は、病気で入院して二年目くらいで亡くなったし、その前も確か、三年はもたなかったっけかな。更にその前も、住み始めて一年ちょっとくらいで部屋で亡くなってるのが見つかってさ。この部屋に来た人は、何だかんだ

でもう四、五人は連続で四年以内に死んじゃってるんだよ。おじさんも、ここに越してきて三年目でしょう？　四年もたなかった。気にはなってたんだけど恐がらせるだけだし、本人にはずっと言わずにいたけど、この部屋何かあるのかなぁ」

と、複雑な表情で説明をしてくれた。

また、Tさんからこの話を聞いて暫くした頃、母からは更にこんな事実を聞かされた。

「おじさんが死んでた部屋、あそこね、おじさんと離婚したSさんが昔住んでた部屋なの。おじさんと別れてから十数年後にあそこで一人暮らし始めて、最期は孤独死してるのが見つかったんだけど。その部屋に今度はおじさんがたまたま住むことになって、同じように孤独死したでしょ。よくよく考えると、こういうのも何か縁みたいなものがあったってことなのかな」

伯父がこの部屋を借りたのは、あくまで市の職員が決めたことであり、伯父の意志ではなかったという。

こんな不可思議な偶然が重なることもあるのだなと、私自身、一連の話を聞いてそんな風に考えさせられた。

因みに。母曰く、伯父と離婚したSさんもまた、この部屋に住み始めてから四年経たずに亡くなっていたそうだ。

鐘の音

大谷雪菜

「どうしてもダメな部屋っていうのはありますよ」

新川さんは苦々しく言った。

オーナーを務める彼の持ちビルは、繁華街の一角にあった。一階と地下が飲食店やサロン等のテナントになっており、二階以上は住居になっている。住人は長年住んでいる者が多く、空きはほとんどない。

「だけど三階の一部屋だけは――」

住人が居つかず、入れ替わりが頻繁なのだという。

死人が出たことは一度もない。

ただ、いなくなってしまうのだ。

大抵の場合、家賃を滞納した末に連絡が取れなくなる。

入居者は独身が多かったが、最近までは男女のカップルが住んでいた。

二人ならば大丈夫だろうと新川さんは安心した。

しかし間もなくして、支払いは途絶えた。連絡は付かないが、しかし気配はある。ベランダから溢れんばかりのゴミが堆《うずたか》く積まれ、異臭が漂うようになり、隣の部屋から管理会社へ苦情が入った。頭を悩ませた新川さんは、事件性も考えて管理会社の人間と、それから警察を伴って部屋の様子を見に行った。

呼び掛けには応答がなく、合鍵で玄関を開けると酷い臭いがした。

薄暗い部屋は澱《よど》んだ空気が立ち込めて、一目でわかるほどに荒れていた。不在かと思われたが、ベッド横のゴミ山に埋もれるようにして女性が蹲《うずくま》っていた。入居者の女性だった。契約当初の面影は失われ、ひどくやつれて土気色の顔をしている。

女性は、突然の来訪者に驚きもせずに、虚ろな視線を宙に浮かせたまま何かを呟いていた。

「どうしました？」

事情を聴いても女性は何も答えなかった。

保証人である彼女の伯母に連絡を取ると、返ってきた声は暗かった。

ひと月ほど前に彼女から相談の電話を受けていたという。

相談は、はじめは恋人が出て行ったという内容だった。しかし、話が進むにつれ次第に彼女はひどく取り乱した様子になり、部屋がおかしい、と言いだした。

毎晩夜中になると、部屋に除夜の鐘のような音が鳴り続けるのだという。ごぅん……と内臓に響くような低い鐘の音は次第に大きくなる。

それと共に、能面のような白い顔が暗がりに浮かび上がり、ゆっくりと近づいてくる。

その顔が彼女に告げるのだそうだ。

「出ていけ」と。

ちゃんと話を聞けばよかったと、伯母は後悔の色を滲ませて、後日彼女を迎えに行くと言って電話を切った。

「原因がわからないし、はっきりと事故が起こったわけでもないから、扱いが難しいんですよね」

新川さんは、今内見を申し込んでいる外国人男性を入居させるつもりだという。

おそらく詳しい説明は、ない。

モデルルーム

大谷雪菜

数年前の初夏のことだ。

不動産会社に勤める前川さんは当時、中古マンションのモデルルームを担当していた。

東京郊外のわりにほどよく駅前が充実していて、緑もある。最新設備にリノベーション済みにしては破格の物件で、ファミリー向けに売り出すのにはうってつけだったが、ひとつ問題があった。

テラスの掃き出し窓に虫が集《たか》るのだ。

虫といっても一匹や二匹の話ではない。爪の先ほどの大きさの甲虫が網戸にびっしりと付いている。カメムシよりも幾分丸く、つるりとした暗緑色の背が鈍い光を放っていた。

前川さんは毎朝来ると殺虫剤を吹きかけた。ベランダには死骸が大量に転がり、その度に塵取りできれいに掃き取り、一匹残らずゴミ袋へ入れた。

「参りましたよもう」

直属の上司に泣き言の電話を入れると、上司は軽く笑ったあと、

「まぁ知っていると思うけど。死んでるからな」

何かあるんだろ。もう少しだけ頑張れ、と宥めるように言って通話を切った。

公開も終盤に差し迫った日、前川さんはその日最後の来客を見送った。夜遅くのアポイントで、時刻は二十二時を回ろうとしていた。

なんとかさっきのお客で決まってくれないものか。

疲れ切った身体を引きずり、帰り支度をしていると、ふとリビングのほうから音がした。

コン、コン。　コン、コン。

窓ガラスに何かがぶつかる音だ。

また虫が飛んできているのか。

うんざりしながらリビングの様子を窺うと、掃き出し窓に大きな影が映っている。

—鳥か？

前川さんが不思議に思って窓に近づいた。

すると、目が合った。鳥ではなかった。

外にいたのは、ぎょろりとした丸い目を携えた、彫りの深い人の顔だった。

首から下はなく、雉《きじ》のようなまだらな色の翼が頭から直接生えている。妙に癖のかかった頭髪が羽ばたきと共に波打ち、翼に絡みついた。

コン、コン。

額が窓ガラスにぶつかって硬質な音を立てる。

前川さんは咄嗟にトイレへ駆け込んだ。

蓋をしたままの便座に座り込むと、抗菌済の紙テープがびりびりと音を立てて破れた。

しばらくして、おそるおそるトイレから出ると、窓にはもう何の影も映っていなかった。

前川さんは一刻も早く部屋を出ようと玄関へ急いだ。

すると、弱々しい男の声が静かな部屋にゆっくり響いたという。

参りましたよ――。

「意味が解らないけど」

あれは僕の声だと思います――と前川さんは言った。

リノベーションされる前のその物件では、熱心に新興宗教の活動をしていた男性が孤独死をしたのだということだった。

枯れる家

あんのくるみ

法事の席で叔父から聞いた話。

私の叔父は、田舎に賃貸物件をいくつか所有している。

安い土地と空き家を買い、リノベーションして人に貸していた。

その中に「枯れる家」と、叔父が呼んでいる物件がある。


それは築四十年になる平屋の一戸建てだった。

叔父が購入するまでは、長らく空き家だったらしい。

リノベーションして売りに出すと、すぐに新しい借り手が見つかった。

日当たりのいい南向きの庭が気に入ったそうだ。

新しい入居者はせっせとガーデニングに励み、次の春には美しい庭が完成した。

しかし夏になった途端、植物が枯れ始めた。

「最初は誰かが嫌がらせで除草剤を撒いたのかと思ったよ。そのうち、今度は家の中の植物まで枯れるようになったんだ」

花瓶に生けた切り花が一日ともたない。

朝は綺麗に咲いていた花も、夜には萎れて首からボトッと落ちてしまう。

落ちた花は触れると花びらが崩れてしまうほど、すっかり乾いているそうだ。

「有害ガスが家に流れこんでる、とか言われちゃってね。専門業者に調べてもらったけど、ガスはおろか土も水も問題ない。本当にまいったよ」

叔父は喪服のネクタイを緩めると苦笑いした。

「そしたら業者の中に地元の人間がいて、あの事故の話を教えてくれたんだ」


昔、その家には東京から移住してきた家族が住んでいた。

両親と中学生になる娘の三人家族。

叔父から数えて三つ前の持ち主に当たる。

彼らが越してきた初めての夏、その事故は起こった。

夏祭りの夜、娘が亡くなった。死因は熱中症だった。

その日、彼女は友人らと祭りに参加していた。

汗で浴衣が着崩れるのを嫌がり、朝から水分を控えていたという。

途中で体の異変に気づいたのだろう。

「気分が悪いから先に帰る」と言い、彼女は友人と別れた。

祭りの会場から自宅まで、徒歩三十分。

舗装されていない田舎道、足もとは慣れない下駄。

休もうにも都会のようにコンビニや自動販売機はない。

ようやく辿り着いた自宅の玄関先で、彼女は力尽きていた。


「俺、その娘の両親に会ってるんだよね。内見の時、庭に老夫婦がいたんだよ。不動産屋が声をかけると、〝すいません、すいません〟って言いながら逃げちゃってさ。二人とも両手に空のペットボトルを抱えてたんだ。多分、娘に水をあげてたんじゃないかな」

最後に叔父は法事の供花を見つめて言った。

「花くらい供えてやりたいけど、きっと枯れちまうだろうな」

寝室のはず

中野前後

Nさんが地元にいたころ、一戸建ての空き家があった。

十数年放置されており、いつ見ても雨戸がぴっしりと閉められていたそうだ。管理する者がいないようで草は生え放題で、敷地内は蛇でもいそうなほど鬱蒼としていたという。

元々、老夫婦が住んでいたのだが、介護に疲れたどちらかがどちらかを絞め殺し、そのあと包丁で首を刺し自殺してしまったという。しばらくは売家の看板が立てかけられていたが、いつ頃からか看板も無くなり、以来、空き家のままだった。

数年経つうちに、曰く付きという噂を聞きつけて、無断で侵入する輩《やから》がやってくるようになった。皆、事件の現場になった廊下の奥にある〝はず〟の寝室を目指して、鍵の壊れた玄関から入っていくそうだ。

しかしどういうわけか、その寝室を見た者はいないという。

そんな話を聞いて、Nさんも夕暮れに一度だけ行ったことがある。玄関から居間を通り、廊下を突き当たりまで進むと引き戸がある。

「どうってことない、これが寝室だろう」

思って、取っ手に手をかけると――。

いつの間にか玄関先に居たそうだ。

足が異常にだるく、辺りは真っ暗になっていた。はっとして時間を確認すると三時間ほど経過していたそうだ。

理解できずに恐ろしくなって、逃げるように走り帰ったという。

ウチらのせいかな

森内ゆい

高校時代の友人にヘンちゃんという女子生徒がいた。

本名はもう思いだせないが、高校生としては惜しいほどに色気のある子だった。もっとも本人は意識していないようで、いわゆる親父ギャグを連発し、そこがまた魅力的な子だった。

ある日、いつになく暗い顔をした彼女が話しかけてきた。

「ゆいちゃん、怖いの得意やんね。話聞いてほしいねん」

聞けば、家族に降ってかかった怪異の話だという。

「いちおう逃げれたんけどなあ、なんや後味悪うて……」


それは数年前、当時ヘンちゃん一家が民間アパートに引っ越してきてすぐのことだった。

彼女の家族構成は、ご両親とヘンちゃん、弟さんの四人である。

狭い部屋に、家族全員が川の字で寝ていると、突然おかあさんの鋭い悲鳴があがった。寝ぼけているのか、恐怖にひきつった顔で何かを払うように中空に突き出した手を必死で振るっている。家族はそれでみんな起こされてしまった。

「おかあさん、おかあさん！」

ゆすって声をかけると、おかあさんははっとしたように振り回していた手を止め、ぱたりと下ろす。

「もう、何の夢見てたん？」

半分文句を言いながら問いただすと、おかあさんはいまだ半泣きで震えたまま、ぽつりと言った。

「女の人が降ってくるの。それも回りながら」

天井に中年の女性が浮いている。それが、おかあさんを怨みのこもった形相で睨みおろしていたかと思うと、今度は捕まえんとするかのように手を伸ばし、くるくると回転しながら降りてきたのだという。それを何とか止めようと抵抗していたらしい。

その時は厭な夢だったねと言って終わったのだが、同じことは翌日以降も続いた。

毎晩毎晩、夢か現か、おかあさんは天井に浮く女に襲われて悲鳴をあげる。

「この部屋、自殺とか殺人とかあったやないの？」

魘《うな》されるおかあさんも、そのたびに起こされる家族もさすがにうんざりしていた。

「大家さんに訊いてみたら教えてくれるかな」

当時は「事故物件」という言葉は一般的ではなかった。が、もはやこの部屋に何かあるとしか思えない。おかしなことを言う店子だと毛嫌いされる心配もあったが、それよりももう夜毎の悪夢から逃れたい気持ちが先に立った。

「ああ、その人ねえ」

恐る恐る話を切り出したおかあさんに、大家は困ったように眉《まゆ》を下げ、言い淀んだ。おかあさんはその先を訊くかどうか迷い、ヘンちゃんはおかあさんを脇から軽く小突いた。このままでは解決しない。

大家はおかあさんの顔と全身を舐めまわすように見て、得心したように頷いた。

「そうかあ、あなた似てるのよね、勘違いしてんだわ」

以下は、大家がおかあさんに語った事柄である。

あの部屋には以前、幼い男児を連れた女性が住んでいた。

それがある日、詳しい事情までは分からないが、いわゆる「継母」の立場となる女性がやってきて、無理やりその子を連れていってしまったという。

母親である女性は泣いて縋ったが、結局子供はそのまま帰ってくることはなかった。

「あなた、その時の継母さんにちょっと似てるのよ」

大家は溜め息まじりにふたたびそう繰り返した。

「あの……残されたおかさあんのほうって」

なかば答えは分かっている気がしたが、おかあさんはおずおずと聞いてみた。ヘンちゃんは、返ってくる答えに腕で体を抱えた。

大家はとたんに苦々しい顔になり、ひと言「死んだよ」とだけ教えてくれた。

ヘンちゃん一家は逃げるようにアパートを退去した。

入れ替わりに大家の息子が入居したらしいが、彼が付き合っていた彼女が病気か事故で亡くなったらしい。原因は詳しく教えられなかった。

「なんかさあ、逃げたうちらの代わりに死んでもうたみたいで……」

ああ、それでか——後味が悪いと言っていたのは。

「でも、仕方ないよね」

「うん、仕方ないよ、ヘンちゃんのせいちゃうよ」

後味は悪いけれども。

牛乳屋のおじさん

望月　環

これは、中村さんが、祖母から聞いた話である。

中村さんの住んでいる町には、小さいながらも活気にあふれた商店街があった。しかし、時代の流れか、中村さんが小学生になる頃には、ひとつまたひとつと店をたたむ人が増え始めた。

そこに浮上したのが、パチンコ店誘致の話。

商店街にパチンコ店が開店すれば、人の流れが変わる。人の流れが変われば、喫茶店や昔ながらのレストランで食事をする人が出るのではないか、というのだ。

一方、パチンコ店は不良の溜まり場になるに違いない、これまでの商店街の穏やかな雰囲気が壊れてしまう、と誘致に反対する人たちも大勢いた。

その反対派の筆頭にいたのが、牛乳屋の佐藤さんだった。

佐藤さんは、朝早くから牛乳の配達を行ったり、牛乳配達の新規勧誘を行う傍ら、誘致反対派の代表として商店街の話し合いに参加したり、誘致反対の署名運動などを行ったりしていた。

パチンコ店誘致の話が出て半年ほど経った頃、反対派を押し切り、地元の有力者を後ろ盾にパチンコ店の開店が決定した。無理やり始まった建設工事に憤った反対派の人々は、代表者の佐藤さんを責め立てた。

自分の仕事もこなしつつ、みんなのために奔放したのにもかかわらず力が及ばなかったこと、また田舎という土地柄か、周りからの非難に耐え切れず、ある朝、佐藤さんは牛乳屋の奥の自宅で首を吊って自らの命を絶った。


それからほどなくして、朝早くに牛乳屋の前を通ると、佐藤さんらしき人物を見かけるという噂が流れた。その人物は、じとっとした目つきで、斜向《はす》かいに建設中のパチンコ店を睨みつけているというのだ。雨の日も、雪の日も、決まって朝早くに……。

建設工事が済み、パチンコ店がオープンしてからも、佐藤さんの姿は頻繁に見かけられた。町の人たちは、「佐藤さんは、悔しくて悔しくて仕方ないんや」と噂し合った。

華々しいオープンから一年もたたずして、パチンコ店は突如閉店した。理由は分からない。ただ、町の人たちは、佐藤さんの強い念の所為《せい》だと思っている。

パチンコ店のあとには、ディスカウントショップができたり、宅配寿司屋ができたりしたが、どの店も何故か短い期間で潰れている。そして今でも時折、早朝の牛乳屋の前で、斜向かいの建物を睨《ね》め付けるように見つめる佐藤さんの姿が目撃されている。

「今度の店は、いつまでもつかな？　って家族で話してるねん」

中村さんは最後に、笑いながらそう教えてくれた。

傘を差した男

雨水秀水

都内にある築数年のそのアパートは、真っ白な壁が印象的な建物だ。四階建てで各階に2Kの広さの六部屋が並ぶ物件である。外扉は電子ロック式を採用し、さらに各部屋のドアには面付箱鍵が取り付けてあり、二重の防犯システムが女性に人気の物件となっている。

このアパートに越してきたKは、非常に明るい女性である。誰に対しても親切で、屈託なく笑う人だった。

「駅はまあまあの距離だけど別に苦になるほどじゃないし、それに綺麗だし」

彼女がこのアパートに決めた理由である。彼女は四階に住み、一応の不快害虫対策をしている。というのも、羽虫は三階ほどの高さまでしか飛べないと言われているからだ。

彼女が住んで一か月くらい経った頃のある雨の日。仕事帰りで帰宅すると、アパートの外扉の前に紺色の傘を差した三十代くらいの男性が立っていた。

「こんばんは」と彼女は声をかける。男性は傘の下から目を覗かせ、彼女に合わせるようにして会釈をした。住人の誰かと待ち合わせをしているのかと思ったそうだ。

以降、雨の日に帰宅すると、高確率でKはその男性を見かけた。いつも誰かと待ち合わせている様子で、時折、道路に出ては、通行人を見、また屋根の下に戻る。彼女は男性と会うと、決まって挨拶をしていた。親切な性格であると言われる所以である。社交的で物怖じしないメンタルも助け、二か月もすれば、その男性との会話も弾み、他愛のない世間話ができる仲になった。

半年経った頃、Kは別のアパートに引っ越しをした。同アパート住人たちの苦情が原因である。

「不動産屋の人にお願いされて退去した感じかな」

そう彼女は言う。苦情内容は、「誰もいないところに挨拶をしたり、話をしたり、とにかく気味が悪い」というものである。

「それって多分、雨の日によく会う男の人のことだと思う」

半年ほど住んでまともに会話をしたことのある人がその男性だけなのだ。

引っ越してからKは一度も、あのアパートに行くようなことはしていない。寧《むし》ろ、行ってはいけない気がすると言う。

以降、アパートのことが少しずつ彼女の記憶から消えていくらしい。それと引き換えに傘を差した男の記憶が色濃くなっているという。まるで記憶が置き換わっていくみたいに。

夜毎の娘

安田鏡児

母の友人であるTさんは独り身の男性で、当時三十九歳、愛想のいい人だった。その日、彼は我が家で母と酒を飲み、いつになく饒舌《じょうぜつ》だった。夜も深まった頃、母が一時的に別室へ行った。部屋に私とTさんだけになった瞬間、彼はこう言い出した。

「俺の部屋に子供がおんねん」

独身生活は人を狂わせるのか、と少し憐憫《れんびん》の眼差しを向けたが、どうも違うらしかった。子供が居る、というのはこういうことだった。


夜、彼が眠っていると気配がする。目を開けると、そこには、茶色の着物を着て、髪を綺麗に結った九歳くらいの女の子が居る。その女の子は布団の横で正座をしていたり、周りを走っていたり、枕元にしゃがんで顔を覗き込んでいたり、と夜毎、様々な現れ方をする。

「昼の間は出て来ないということですか」

「そうや。夜になると、出てくんねん。可愛いもんでなぁ、娘がおるみたいで嬉しいわ」

彼はそう言うと、ビールを呷《あお》った。

「それって、いつから始まったんですか」

「んっ？　入居した時やから、二年前かな」

「二年間ずっとですか？」

彼は頷いて、こちらを向いた。

「この頃は、布団に入ってきてさぁ」

まるで娘の悪癖に困った親のような口振りで、ニヤニヤと笑いながら言ってきた。私は気味が悪くて、場の雰囲気を変えたかった。

「布団に入って一緒に寝るなんて、微笑ましいですね」

「あぁ、元々あの子の家だからねー」

「は？」

「あの子の土地だからねー。私が邪魔なんだよねー」

私はここ数分の間に彼の口調や一人称が変わったことに気付いた。

「あの怒った顔は恐ろしいよー。目と鼻の先で睨んでくるから、怖い。けどさ、憎めないよなー。可愛いから。私、死なないと駄目なのかなー？」

彼は天井を仰ぎながら、独り言《ご》ちていた。私はなす術なく、見ていた。

ようやく母が部屋に戻ってきた。その瞬間に、彼は顔を前に向け、いつもの話し方に戻った。

私は怖くなって、自室に戻り、酒の席で上機嫌に笑い合う母と彼の声を聞きながら寝た。

酔った勢いで言ったのだ、と決め込んで、母にも黙っていた。そのうちに世の中で「事故物件」という単語が飛び交うようになり、納得した。

家や土地にまつわる怪談。Tさんの話もこれに入るのかもしれない。

Tさんは四十二歳になっているだろう。

だろう、というのは、現在彼の消息は途絶えているからだ。どうも、隣県に引っ越したらしいが、理由はわからない。

封印された二階

大道寺アウンザヤ

認知症の老婦人の訪問介護を担当していた沢田さんによると、東京の下町にある老婦人の住む家の二階は立ち入り禁止になっているらしい。

そう注意されたわけではないが、おそらくそうなのだろう。

〝立ち入り禁止感〟が半端ではないのだ。

沢田さんはそう言って、両手の人差し指と親指で握りこぶしほどの大きさの輪っかを作った。

「一つの輪がこれくらいある赤錆びた鎖がさ、階段の入り口に×の字に渡されててさ。壁面といわず天井といわず、お札《ふだ》がめちゃくちゃ貼られててさ。凄いよ」

私は沢田さんの証言をもとにその光景を脳内に再現してみたが、それはあまりにも荒唐無稽で、現実感に乏しかった。

一昔前のホラーゲームに出てきそうなビジュアルだ。

その辺り一帯は、いわゆる赤線地帯だったらしい。

家の周囲には東京大空襲を免れた大正期の歴史的建造物が点在し、くすんだ梅雨の空のような独特の景観を造っている。

中でもその家は、二階部分に窓らしい窓がなく、明かり取りの小さな天窓が一つあるだけという奇怪な外観で存在感を放っている。

なぜそのような構造になっているのかは、老婦人が認知症を発症する前ならともかく、今となっては知る由もない。

また、鎖の向こうの暗闇からは、ひっきりなしに人の足音や着物の衣擦《きぬず》れが聞こえた。

トントントン……

シュッ……シュッ……

音は柱や梁《はり》を縦横に伝い、家全体に響き渡った。

「誰かいるの？」

老婦人は毎日、そう尋ねる。

「ううん？　いないよ」

実際、沢田さんはそう答えるしかなかった。

その家は老婦人の一人暮らしであり、身寄りのない彼女には自分やケアマネージャー以外で訪ねてくる者などいないからだ。

私も何度か、その家の前を通りかかった。

鍵が壊れているのか、いつも二階の天窓の扉が半分ほど開いていて、漆黒の闇がだらしなく口を開けていた。

ニュータウン

アスカ

私が学生の頃の話だ。

高校受験を終えて進学校が決まると、県営住宅からY市の新興住宅街に引っ越してきた。分譲時は緑のニュータウンというふれこみで人気があった場所だった。

ところが、中には無理なローンを組まされた購入者も少なくなかったという。払えなくなると退去するのが殆どだが、稀に退去すらも出来ず、自ら悲劇的な結末を迎えるケースもあった。

「加藤さんの隣で首つりだってよ……」

「気の毒に、三丁目でガス自殺があったばかりよ……」

当時、両親が交わしていた会話だ。

他にも不幸な話はあれこれあったと思う。

そんな中、どうしても記憶から消せない出来事がある。

住んで間もない頃、近所で起きた一家心中だ。

夫が子供を絞殺した後、妻に馬乗りになって首を絞めたという。

悲鳴を聞いて人が駆けつけると夫は裏山へ逃げ込んでしまい、二日後に縊死の状態で発見されたのだ。

私は通学に、その家の前の道を通っていた。

心中事件後、事故物件のために買い手がなく、庭の草木は伸び放題、窓は雨水で汚れ、ポストには古紙が詰まり、すでに荒れた様相を呈していた。


ある朝の登校中、件の家の前で同じ町内のB君が声を掛けてきた。

「知ってる?　ここ、出るんだってよ……」

その時、私の頭の中である考えが浮かんできた。

「なあ、俺達で探検しようぜ……?」

丁度、レポーターによる心霊取材がテレビで流行《はや》っていた頃だった。

約束した日、私とB君は傾いた垣根の隙間から庭に入ると、外れた窓枠を動かして屋内に入った。

どうやらリビングらしい。破れた壁紙を眺めていると、隣の部屋から声が聞こえてきた。

見ると薄暗い中、いつの間にそこにいたのか、B君がブツブツと独り言を言っている。

「ついてこいよ……」

私の顔を見ると、突然、先に歩き出した。

ある部屋の前で立ち止まると、

「ここで首を絞められたんだ……」

再び歩き出して次の部屋に入り、

「ここでお母さんに乗っかって……あの窓から逃げちゃった……」


いったい、何の話だ……?


様子が変だった。B君の顔は真っ赤に充血し、白目を剥いている。

これは普通じゃない……。

逃げようとした時、すっと袖を掴まれた。


「まだ遊ぼうよ……」

明らかにＢ君の声ではなかった。
夢中で振りほどくと、外へ飛び出して自宅に駆け込んだ。
気が付くと布団を被り、汗をびっしょりかいていた。
親に保護されたＢ君は、ぼんやりと庭に立ち尽くし、裏山を見つめていたそうだ。
後から聞くと、侵入してからの記憶がまるでないのだという。

不自然な歩き方

丸太町小川

秋口のある土曜日、大学一年生のA君がコンビニで昼食を買った帰り道、Bさんを見かけてギョッとした。しばらく自室にこもりきりだったBさんが、極端に左足を引き摺った不自然な歩き方で、ゆっくりと大通りの車道へと向かっている。

「どうしたんですか！　しっかりしてください！」

A君は咄嗟《とっさ》に駆け寄り、顔面蒼白なBさんを取り押さえた。

＊

Bさんは、A君が住むアパートの隣室の住人で、同じ大学の一学年上の先輩だ。特に親しいわけではないが学科が同じで互いに見知っており、顔を合わせればそれなりに会話を交わす仲だった。

A君がこのアパートに入居した当初、Bさんは嬉々として、

「俺の部屋、事故物件やねん」

と言っていた。

どうやら前の住人が自殺したそうで、その部屋が現場ではなかったものの、不動産屋から心理的瑕疵の告知があり、数千円ほど家賃が安かったという。学生間の噂では自殺者も同じ大学の学生で、学内の高層校舎から飛び降りたとされていたが、どうもそれは事実ではないらしい。

詳しいことは、わからない。

夏休みに入る頃、Bさんは時々自室で足音が聞こえると言いだした。片足を引き摺るような特徴的な足音で、本人はもちろん、A君を含むアパート住人もそんな歩き方はしない。足音は昼夜を問わずふとした時に聞こえるそうで、その頃はまだBさんも「心霊現象や」などと笑っていた。

夏休みの終盤、A君が帰省から戻ると、Bさんの様子は明らかにおかしくなっていた。

自室にこもるようになり、バイトや部活にも顔を出さないそうだ。カーテンは閉じられたままで生活音もほとんどしないが、時折「誰やっ！　誰やっ！」と怒鳴《どな》る声が聞こえて不気味だった。

急な変化にどうしたことかと心配していた矢先、冒頭の出来事があったのだ。

駆け寄ったA君が介抱すると、Bさんは暴れるでもなくむしろぐったりとしている。しばらくして少し落ち着いたところで、Bさんのスマホから Bさんの両親に連絡をとった。

＊

その後すぐにBさんは部屋を引き払い、半年間休学して実家で静養しているという。たまに連絡を取るが、近頃は明らかに快復してきていて、本人も来年度には大学に復帰するつもりのようだ。

ただ、何があったのかを尋ねると、

「うん、足音がな……」

と言葉を濁して明確には答えない。

「もちろん、僕もすぐに引っ越しましたよ」

と語るA君は、元気になったBさんと同期卒業できることを心から願っているという。

猫がいる部屋

月の砂漠

田中さんは就職のため上京し、埼玉県の某市に住むことになった。新居はごく普通の賃貸アパートだった。

だが、入居した直後から、奇妙な現象に悩まされた。飼ってもいないのに、部屋に猫の気配がするのだ。

例えば、シャワーを浴びていた時だ。

排水溝の流れが悪いことに気付き、髪の毛でも詰まったのかと思い、掃除のため、ふたを開けた。

すると、髪の毛ではなく、白や茶色の猫の毛が出て来た。

(前の住人が飼っていたのかな……?)

田中さんは不思議に思った。

それだけでなく、夜寝ているとどこからか、ニャァオ… ニャァオ…

という鳴き声が聞こえて来るのだ。

ニャァオ… ニャァオ…

か細くて、どこか悲しい鳴き声だった。

近所の野良猫かと思ったが、耳を澄ますと、この部屋の中から聞こえて来るような気がする。何とも気味が悪かった。

さらに翌日。シャワーを浴びていると、また流れが悪くなった。

(昨日、掃除したばかりなのに……)

いぶかしんでいると、突然、排水溝のふたが開き、猫の毛が大量にブワッと噴きあがって来た。

田中さんはシャワーを取り落とすほど驚いた。

そして、その日の夜も、部屋の中から、
ニャァオ… ニャァオ…
猫の声が聞こえて来た。
気が付くと、壁のあちこちに、大の字につぶれた猫のような染みが浮かんで見えて、田中さんは頭を抱えた。

この部屋は、いわゆる事故物件なのではないか。田中さんはそう疑ったが、不動産屋は「あの部屋で事故や事件など一度も起きていない」と否定した。

ある時、田中さんは同じアパートの住人らしい中年男と出くわした。初めて会う人だったので、簡単に挨拶した。

「はじめまして。先日、そこの部屋に越して来た者です」

すると、男は嬉しそうに言った。

「ってことは、前にそこに住んでたやつは引っ越したのか。良かったよ」

どういうことかと思い、田中さんは、前の住人のことを訪ねてみた。

「気味の悪い男だったよ。近所の猫が何匹か行方不明になってな、あいつがさらって殺してるんじゃないかって、みんな噂したんだ。警察も聞き込みに来たんだぞ」

それを聞いて田中さんは、その噂は事実なのだろうと確信した。

田中さんはネットで調べ、動物の霊に詳しい除霊師にお祓いを依頼した。

やがて、奇妙な現象は鎮まったという。

壁

営業のK

住み始めた頃は、何もおかしなことは起こらなかった。


賃貸型の新築マンション。

彼女はそこに、完成と同時に引っ越してきた。

それまでも賃貸マンションに住んだことはあったが、新築というのは今回が初めてで、ずっとその日を心待ちにしていたという。

汚れひとつない真新しい壁と床。

当然ながら、浴室もトイレも未使用。

何もかも最初に使うのは彼女。

それは彼女に想像以上の満足感を与えてくれた。

〈あの音〉が聞こえ始めるまでは……。

ある日の夜、寝室で彼女が寝ていると、どこからか子どもの笑う声が聞こえてきた。

声は複数。男の子の声も女の子の声も聞こえてきた。

だが、時刻は午前二時過ぎである。

疲れていた彼女は、

（どこの部屋の子ども？　勘弁してよ……）

と思いながらも疲れに負け、そのまま寝続けた。

朝になり、目が覚めた時にはもう子どもの笑い声は聞こえなくなっていた。

彼女もそれ以上は気に留めず、そのまま仕事に向かった。

それから数日後——。

その日は日曜日で、一週間の疲れがどっと出たのか、昼間からうたた寝をしてしまった。

そして、フッと目が覚めた時、やはり複数の子どもの笑い声が聞こえてきたという。

耳を澄ますと、どうもその笑い声は左隣の部屋から聞こえてくるように感じる。

（もう、なんなのよ……）

不機嫌な気持ちになりながら身を起こし、時計を見ると、ちょうど午後二時だった。

左隣の部屋に住んでいる家族には、きっとまだ小さな子どもがいるのだろう。

それにしても親なら親で、ちゃんと集合住宅のマナーくらい教えてほしいものだ。

このマンションは格別静かだから余計に声が耳につくではないか……。

そこまで考えて彼女はハッとした。

その新築マンションに移り住んでから、他の部屋の生活音が聞こえてきたことなど一切ない。

以前、住んでいた中古の賃貸マンションでは、周りの騒音に悩まされたし、彼女自身も周りに迷惑を掛けないようにと音には気を付けて暮らしていた。

それに比べて、今住んでいるマンションはさすが新しいだけあって、遮音性も高いと感心していたのだった。

だとしたら、なぜ――子どもの声だけが聞こえてくるのか？

説明のつく理由が見つからなかった。

いつまでも聞こえ続ける子どもの笑い声。

すっかり目が覚めてしまい、その日はそのまま外出した。

夜遅く、恐る恐る帰宅してみると、声は既に聞こえなくなっていた。

そんなことが何度も続いた。


午前と午後の違いはあったが、その声が聞こえだすのはいつも決まって二時になってから。

マンションという性質上、隣人の生活スタイルにはかなり影響を受ける。

隣人は選べない。

当然、当たり外れはある……。

わかっていたことだったが、新築マンションでの生活に浮かれていた彼女にとってそれはかなり憂鬱な出来事だった。

とはいえ、別のマンションに引っ越す予算はもうない。

ここは諦めて、なるたけ気にしないように暮らしていくほかなかった。


そんなある日、住み始めてから初めて、左隣の部屋に男性が帰って来たところに鉢合わせた。

（あれ……？）

彼女は違和感を覚えた。

なぜなら男性はどう見てもまだ二十代前半で、結婚して家庭を持っているようには見えなかったから。

彼女は思い切ってその男性に声を掛けてみることにした。

「あの、はじめまして。隣に住んでいる○○と申します。お子さん達、元気ですね」

日頃、声に悩まされている彼女としては、嫌味を含めてそう言ったのだが、相手の男性はきょとんとしている。

「あっどうも……。でも僕、まだ独身ですけど？」

そう訝《いぶか》しげに返してきた。彼女は少しイラっとして、

「だって、いつもお子さん達の笑い声が聞こえてきてるじゃないですか？」

と、声を荒げた。

すると男性は、今度は気味が悪そうに、

「え？　何のことですか？　僕は子供の笑い声なんか聞いたことありませんけど」

とだけ言って会釈すると、そのままそそくさと部屋の中へ入っていってしまった。

ひとり取り残された彼女も自分の部屋へ入り、いま一度冷静に考えてみた。

確かにいま話した隣の男性に、子供が何人もいるというのは考え難い。

それに、遮音性に優れたこのマンションで聞こえてくるのは子供の笑い声だけだ。

他の生活音は聞こえてこない。

しかも、隣の男性にはあの笑い声が聞こえていないという。

これは一体どういうことなのか……？

新築マンションなのだから、事故物件というのも考え難い。

だとしたら、一度マンションの管理会社の人間に、その笑い声を聞いてもらった方が良いのではないか。

彼女は早速、マンションの管理会社に連絡をすると、事情を説明し、現場に立ち会ってもらうことにした。

翌日、さっそく管理会社から二人の男性がやって来た。

時間は彼女の指定した午後一時半すぎである。

まずは部屋にあがってもらい、部屋の中で聞こえる笑い声について一連の状況を詳しく話す。

二人は真剣に話を聞いてくれていたが、その表情をみるに、どうやら半信半疑といった感じだった。

しかし、午後二時になり、いつものように子どもたちが笑う声が聞こえだすと、二人の表情は一変した。

そして年長者のほうが青褪めた顔で彼女に向かって説明した。

「本来、このマンションは静音性に特化した造りになっており、日常の会話や生活音などは他の部屋には聞こえないようになっています。それに、この部屋の上下も、両隣も、居住者の方は全て独身なんです。この時間帯は仕事に行ってらして、部屋には誰もいる筈がありません。――失礼、ちょっといいですか？」

二人は彼女の部屋の中をうろうろと歩き回り、声に耳を澄ます。

しばらく首を傾げていたが、やがて核心を得たというように頷いた。

「やはり、この音が聞こえてくるのは他の部屋ではないです。その……この部屋の中からみたいです」

そう言ってリビングの左側の壁に耳を当てた男性は、次の瞬間、ぎょっとしたように壁から耳を離した。

「あの……どうしたんです？　何が……」

明らかにおかしい男性の様子に彼女も不安に駆られていく。

男性はすぐに誰かに電話をかけた。

そして電話が終わると彼女の方を見てこう話した。

「今、上司の許可を取りました。あとはこの部屋の住人である○○さんの許可が頂ければ、この壁の中を確認したいと思います。いかがですか？」

「お願いします！」

彼女は躊躇《ちゅうちょ》せず即答した。


そのまま一時間ほど待っていると、業者の人が三人やって来て壁に穴を開ける作業に取り掛かった。

何か得体の知れない気持ち悪さを感じていた彼女だったが、少なくとも今日はひとりきりではない。同じ部屋の中に管理会社と業者の男性があわせて五人もいるのだ。何かあっても大丈夫だろう……そう思うことで何とか平静を保っていた。

穴は特殊な工具を使い、すぐに開けることが出来た。

待ち構えていた管理会社の男性が穴の中をライトで照らした瞬間、

「うわっ！　なんだ、これ！」

引きつるようにあがった声に、彼女も一気に体が硬直した。

「確認……お願いできますか？」

こわばった顔でそう言われ、彼女は意を決してライトで照らされた壁の中を覗きこんだ。

其処《そこ》には死んだ虫の標本らしきものが無数に落ちており、天井から吊り下げられた時計がぶら下がっていた。

時計の針は、二時の位置で止まっていた。

壁の中にあったのはそれだけ。

それだけではあるが、言いようのない寒気が全身を覆い、しばらくは鳥肌がひかなかったという。

事件性のある物は何も見つからなかったが、彼女はそれからすぐにそのマンションから退去することを決めた。

「……新築でも、事故物件ってあるんだと思います」

彼女はそう言ってぶるりと身を震わせた。

そういう土地

加藤 一

ある地方都市でのこと。

「布団《ふとん》屋なんて商売はね、ご贔屓《ひいき》さんと仲良うせんと立ち行きまへんのや」

兼森さんは、その土地で長く布団屋という仕事を営んでいる。滅多に買い換えるものでもないが、繕いや補修、引き取りを口実に顔を繋いでは、買い換えの商機に備えるものだという。

「うっとこのお得意さんがおりましたんや。お寿司屋さんでね。新しい家建ったいうて、うっとこで布団も新しゅうしてもろてね」

そのお寿司屋さんは若い頃から修行をして店を起こしたとかで、なかなか評判もよかった。常連さんもかなり付いて、店も家も手狭になったということで、広くて新しい場所を求めて市街から少し離れた土地に引っ越した。

周辺は旧市街と戦後になってから広がった住宅街の間辺り。なかなか人気の土地で、出物もあまりない。

それが「たまたま空きが出た」という。

お寿司屋さんは「これはツイている」とばかりに土地を買い、上物を建てた。

「うっとこも座布団やら布団やら新しゅう入れてもろてね。で、店も新しゅうなって、さあこれからやと思うたらね」

店舗を移った頃くらいから様子が変わった。


雇っていた職人が帳場の金を持ち逃げする。長い付き合いもあり、信頼を置いていた人物だったのだが、何の前触れもなく金を持って失踪する。

「金に困ってるんなら、一言相談してもろたらよかった、言うて。金取られたことより、信頼しとった職人が黙っておらんようになったのがショックやったんやろね」

職人が抜けた穴、失われた金を埋めるべく、お寿司屋さんは遮二無二働く。しかし、よくないことは重なるもので、過労からか身体を壊してしまう。休んでもよくはならず、しかもその間は店を開けられないものだから、自然、店は休みがちになり客足も遠のいていく。

「一時の繁盛が嘘みたいやった」

ここ、なんぞあるんちゃうか――。

お寿司屋さんは思い起こした。

たまたま手に入った好条件の土地。この辺りの地価から見ると随分値段も安かった。

店にきた近隣の住人は言う。

〈前に住んではった人もすぐに越してしもてね。なかなか人やお店が続かへんのよ〉

不動産屋は何も言っていなかった。

ただ、〈商売は難しい土地ですが、お宅さんみたいに繁盛しよる店やったら大丈夫ですやろ〉とは言っていた。

越してきてから確かによくないことが続いている。しかし、自分の腕が落ちた訳ではないし、以前からの常連さんも足を運んでくれる。どうにか自分の力でこの苦境から抜け出せないものか。

「大将、えろう顔色悪かったし。それでお店のご贔屓さんの誰かが気ィ使てくれたんにゃわ」

〈大将、ワシの知り合いに拝み屋がおるんやけど、騙された思うて一遍縋ってみぃひんか?〉

お寿司屋さんは悩んだ。

が、他に何の当てがある訳でもなし、一度相談だけでもしてみるか、ということになった。

拝み屋さんという商売は、この地方には普通にある。占いや宗教の押し売りとは違うものだが、お寿司屋さんはそういった商売の世話になったことは今まではなかった。

が、拝み屋はお寿司屋さんを見るなり言った。

「アンタね。今のとこ引っ越す気ある?」

「引っ越す?　何で?　借金して越した店でっせ。引っ越しとおないから相談にきてますのんや」

「さよか。引っ越す気ないなら御札あげるから、頑張りや」

「何がありますねん」

「引っ越すんなら教えたる。でも、その気がないならアカン。知らんほうがええよ」

拝み屋は紙札を取り出すと、それ以上は何も言わなかった。

貰って帰った御札を店に貼ってみる。

何とか頑張ってみよう。

そう心に決めて、また商売に精を出す。


しかし、事は収まらない。

開店前。店の掃除をしていると、店内から異臭が漂ってくる。何かが腐ったような臭いだ。生ものを扱う商売だけに、そんな手違いがあっては客足どころか評判に響く。

慌てて店内を点検するが、まな板、包丁、今日仕入れたネタ、冷蔵庫、冷凍庫、トイレから何から全てを再点検するも、臭いの出元が分からない。

そのうち客がやってくる。が、皆一様に暖簾を潜った途端に顔を顰めて出ていってしまう。

「いらっしゃいませ」すら言い切らないうちにだ。

大切な客を伴ってきたらしい常連さんが、悲しげな顔をして言った。

「大将……なんぞ腐ってへんか。色々大変なんは分かるけど、寿司屋がこれはヤバイで」

お寿司屋さんはひたすら詫びた。が、その常連さんはそれっきり店に顔を出さなくなった。

「それから暫くして、大将の身内に不幸があってね。それで決心したんやろね。もうアカン、て」

兼森さんにも声が掛かった。

「荷物処分するから来てくれ言うて連絡もろてね。ワシと知り合いの電気屋が呼ばれたんよ」

処分と言っても、座布団も布団も越してからさほど長くは使っていない。大将との付き合いもあるし、下取りは少し色を付けたほうがいいか……などと考えていると。

「ひいやあああああ！」

天井裏に潜っていた電気屋が悲鳴を上げて転げ落ちてきた。

「どないしてん」

「声！　声がする！」

電気屋は歯の根をカチカチ言わせながら訴えた。

「アカン。ここはアカンよって勘弁しとって」

その奥には電気屋の領分の荷物だけでなく、布団屋の領分のものもある。お寿司屋の奥さんは兼森さんに見てくれないか、と請うた。

「ワシかて厭やったよ。でも、ほら。つきあいてあるやんか。せやからな。嫌々、覗いてみたんですわ」

押し入れの隅を開けてそこから天井裏に恐る恐る顔を突っ込んでみる。

辺りは真っ暗で灯りらしきものは何もない。が、耳を澄ますと――

〈……おー……おー……おー……〉

「うわっ！」

兼森さんは天井裏から転げ落ちた。

確かに聞こえた。低く唸る男の声が、兼森さんの耳元に響いた。


お寿司屋さんは件の拝み屋さんのところに再度出向いた。お寿司屋さんの第一声は。

「引っ越します」

拝み屋さんは、お寿司屋さんがもう一度訪ねてくるだろうこと、そしてそう言うだろうことを、分かっている様子だった。

「あっこ、なんですのん」

「あっこはね……」

この土地は、昔から困窮した人が多く住んでいた。江戸の昔どころか、昭和の割と最近くらいまで「葬式すら出せない貧しさ」だった。

葬式は墓の用意、寺への心付け、火葬場、仏壇などなど、費用がかさむ。ここに暮らす人々は葬儀など出せない。

「出せない言うたかて、人は死ぬ。そしたら、どないするかいうとやね」

遺体をそのままにするのだ。

亡くなった身内の遺体から名前や住所を示すようなものを一切取り去り、遺体を街角に放置する。もちろん、そのまま放置していれば、警察が身寄りのない変死として引き上げ保健所が引き取ってくれる。名乗り出たら遺体を引き取らなければならない。が、引き取っても弔いができないから、そのまま名乗り出ずに「無縁さん」として始末されるのを待つ。無縁仏として共同墓地に葬られた後も、身寄りは見つかることを恐れて参ることができない。

そうやって夫を亡くした未亡人が、夫が始末されるのを見送った後に、自分も首を吊って後追いしてしまうことが度々あった。そうして、そこからはどんどん住人がいなくなっていく。

そうした困窮民は市街地の外縁部に多く住んでいた。が、市街地を飛び越えて外側が住宅地として拓かれ、次第に住宅地と市街地の垣根が入り組んで曖昧《あいまい》になっていく。

そんな土地だから権利料も安い。

その安い土地を不動産屋が買い付けて売る。購入者は「なぜか」次々にそこを去る。不動産屋は売値より更に安く買い叩いて、また次の誰かに売る。そんなことが繰り返される。

「な、酷《ひど》い話やろ?」

拝み屋さんは言った。

「アンタ、そういう土地買わされとったんやで」

二度目の引っ越しから暫くして、お寿司屋さんはお店を再開した。店は前より少し古く、少し小さくなった。しかし、大将の身体も快癒し、遠のいてしまっていた常連さんも戻ってきた。

「店の場所? アカンアカン。人に教えるようなもんやないから」

この話は『「超」怖い話Γ』で収録が見送られた後、その場所に纏《まつ》わる事情によりずっと死蔵されていたものだ。店の場所、その地方都市の所在地もここでは明かさない。「そういう土地」の意味も、問わないで頂きたい。

最恐!!　事故物件怪談　執筆者プロフィール

川奈まり子（かわな・まりこ）緻密な取材の怪談に定評がある。「一〇八怪談」シリーズや『迷家奇譚』ほか共著も多数。「実話奇譚」シリーズの最新刊『蠱惑』が発売中。

黒木あるじ（くろき・あるじ）多くの実話怪談集を世に送り出す。「黒木魔奇録」「怪談売買録」など単著シリーズや監修も務める共著「怪談四十九夜」シリーズなど精力的に執筆。

芳春（ほうしゅん）湘南在住の柴犬愛好家。末期のチョコレート中毒。金魚鑑賞と住宅展示場で建材を眺めるのが趣味。前向きに生きるための糧になるような、不思議な実話を集めている。

青葉入鹿（あおば・いるか）静岡県出身。行政書士として働く傍ら出会った人に身近な怪異を聞いてまわる。好物は民間伝承や土着信仰に潜んでいる縁起の悪い話。

天堂朱雀（てんどう・すざく）徳島県生まれ。

雨森れに（あまもり・れに）信濃出身、東京在住。奇祭の残る土地で骨董屋を営む家にて育つ。令和二年七月から物語を書き始める。

高倉　樹（たかくら・いつき）執筆・書籍デザインなど、本にまつわるよろず承りつつ、大阪天王寺にて日替わり店主の古本屋に参加中。好物はもさもさする食べ物。

影絵草子（かげえぞうし）関東在住、幼少期より怪談を収集し、数にして千以上。主に人間の狂気や情念が絡んだ怪談を好む。共著近刊に『鬼怪談　現代実話異録』。

雪鳴月彦（せつなり・つきひこ）福島県在住WEB作家。家族全員が過去に不可思議な経験をしているおかしな家で育つ。共著に『街角怪談』『百物語 サカサノロイ』等。

大谷雪菜（おおたに・ゆきな）福島県生。第三回『幽』怪談実話コンテスト優秀賞入選。WEBを中心にライターとして活動中。共著に『世にも怖い実話怪談』等

あんのくるみ（あんのくるみ）作家。絵本から怪談まで作品は幅広い。デビュー作『つまさきもじもじ』（みらいパブリッシング）は韓国でも翻訳されている。無類の猫好き。

中野前後（なかの・ぜんご）関東の田舎で、農業をしながら怪奇譚を集めています。エナジードリンクと怪談があれば、もう少し長生きできそうです。

森内ゆい（もりうち・ゆい）息子と犬と神戸で暮らすWEBライター兼アマ作家。著作に現代ローファンタジー『赤い月はもう見ない』他、ホラーなど。犬好き。

望月　環（もちづき・たまき）昨年の自粛期間に何故だか怪談にどっぷりハマり、毎日怪談生活を送ってきた。あれから一年、まさか自分が怪談を書くことになろうとは……。

雨水秀水（うすい・しゅうすい）平成生まれ。青森県出身。雪国の出身ですが、未だ、雪女に出会ったことはありません。

安田鏡児（やすだ・きょうじ）関西で怪談を集めては、手帳に書き留める日々。好きな怪談は、神様や妖怪の関与が窺えるもの。語るのは下手なので、筆を執りました。

大道寺アウンザヤ（だいどうじ・あうんざや）東京在住。十代でプロボクサーを目指すも断念。福島で農家を目指すも挫折。バックパッカーとなるもコロナ禍で絶望。結果、怪談師となる。

アスカ（あすか）趣味の散策、写真、庭いじりに励んでおります。

丸太町小川（まるたまち・おがわ）京都と九州某所を拠点にフィールド・レコーディングや音響構成に取り組む傍ら、ヴァナキュラーな怪異を求めて身近の奇談・怪談を収集中。

月の砂漠（つきのさばく）東京都在住の放送作家。趣味は落語鑑賞と寺社仏閣巡り。血圧高めの恐妻家。

営業のK（えいぎょうのけー）石川県金沢市出身。勤務先のブログに実話怪談を執筆したことが話題となりデビュー。六月に最新刊『闇塗怪談　朽チナイ恐怖』を発売予定。

加藤　一（かとう・はじめ）人気実話怪談シリーズ『「超」怖い話』四代目編著者。『恐怖箱』シリーズの箱詰め職人（編者）としても活躍中。最新作『「忌」怖い話 大祥忌』が発売中。

【初出】

「実録・事故物件住みます芸人」北野 誠／『おまえら行くな。犬神祟り編』収録作より再構成。

「上の階」川奈まり子／TOCANA 知的好奇心の扉 掲載に加筆修正。

「そういう土地」加藤一／「不思議ナックルズ」（ミリオン出版・2006年）掲載に加筆修正。

実録怪談 最恐事故物件

2021年6月4日　初版第1刷発行

著者…………北野 誠、大島てる、村田らむ、住倉カオスほか
デザイン・DTP …………荻窪裕司（design clopper）
企画・編集 …………中西如（Studio DARA）

発行人…………後藤明信
発行所…………株式会社 竹書房
〒102-0075　東京都千代田区三番町８－１　三番町東急ビル６F
email：info@takeshobo.co.jp
http：//www.takeshobo.co.jp
印刷所…………中央精版印刷株式会社